아이가 주인공인 책

아이는 스스로 생각하고 성장합니다.
아이를 존중하고 가능성을 믿을 때
새로운 문제들을 스스로 해결해 나갈 수 있습니다.

길벗스쿨의 학습서는 아이가 주인공인 책입니다.
탄탄한 실력을 만드는 체계적인 학습법으로
아이의 공부 자신감을 높여줍니다.

가능성과 꿈을 응원해 주세요.
아이가 주인공인 분위기를 만들어 주고,
작은 노력과 땀방울에 큰 박수를 보내 주세요.
길벗스쿨이 자녀 교육에 힘이 되겠습니다.

읽기 유창성 이론을 바탕으로 한
문해력 향상 프로그램

문해력이 좋아지는 소리 내어 읽기

4단계

윤희솔 · 소선중 지음

길벗스쿨

문해력이 좋아지는 소리 내어 읽기 4단계

초판 1쇄 인쇄 • 2025년 9월 8일
초판 1쇄 발행 • 2025년 9월 22일

지은이 • 윤희솔 · 소선중
발행인 • 이종원
발행처 • (주)길벗스쿨
출판사 등록일 • 2025년 5월 28일
주소 • 서울시 마포구 월드컵로 10길 56(서교동)
대표 전화 • 02)332-0931 | 팩스 • 02) 338-0388
홈페이지 • www.gilbutschool.co.kr | 이메일 • gilbut@gilbut.co.kr

기획 및 책임편집 • 유현우(yhw5719@gilbut.co.kr) | **디자인** • 강은경 | **제작** • 이준호, 손일순, 이진혁
마케팅 • 양정길, 이지민 | **영업유통** • 진창섭 | **영업관리** • 김명자, 심선숙, 정경화 | **독자지원** • 윤정아

전산편집 • 기본기획 | **편집진행** • 주은영 | **일러스트** • 이미정 | **녹음** • EMG미디어
CTP 출력 및 인쇄 • 대원문화사 | **제본** • 신정문화사

ISBN 979-11-7467-024-3 74700
(길벗 도서번호 500029)

정가 15,800원

제 품 명 : 문해력이 좋아지는 소리내어 읽기_4단계
제조사명 : (주)길벗스쿨
제조국명 : 대한민국
전화번호 : 02-332-0931
주 소 : 서울시 마포구 월드컵로 10길 56 (서교동)
제조년월 : 판권에 별도 표기
사용연령 : **7세 ~ 9세**
KC마크는 이 제품이 공통안전기준에 적합하였음을 의미합니다.

머리말

문해력 성장의 열쇠가 '읽기 유창성'이라면,
그 열쇠를 돌리는 힘은 '소리 내어 읽기'입니다.

학부모님께는 '읽기 유창성'이라는 말이 다소 낯설게 느껴지실지도 모릅니다. 그러나 읽기 유창성은 오래전부터 문해력과 학력의 기초를 이루는 핵심 요소이자, 본격적인 학습으로 나아가는 관문을 여는 열쇠로 주목받아 왔습니다. 이러한 이유로 2022 개정 국어과 교육과정에서도 읽기 유창성을 중요한 축으로 다루고 있습니다.

그렇다면 읽기 유창성은 어떻게 길러질까요? 수많은 연구는 모범 읽기를 듣고, 능숙해질 때까지 반복해 소리 내어 읽는 것이 읽기 유창성을 기르는 가장 효과적인 방법이라고 밝힙니다. 20년 넘게 교실에서 아이들과 함께 해 온 저희도 소리 내어 읽기의 힘을 수없이 확인해 왔습니다. 그러나 교실에서 읽기 유창성 지도의 각 단계를 빠짐없이 실천하기가 쉽지 않았기에, 가정에서의 어려움을 충분히 짐작할 수 있습니다. 실제로 문해력 지도를 어디서부터 시작해야 할지 몰라 고민하시는 학부모님들을 많이 만나 왔습니다.

그래서 고민 끝에, 문해력을 오랫동안 연구해 온 교사와 교육과정을 깊이 탐구해 온 교사가 머리를 맞대고 『문해력이 좋아지는 소리 내어 읽기』를 펴내게 되었습니다. 이 책에는 아이의 성장을 돕기 위한 현실적인 해법을 담았습니다.

- 아이 혼자서도 모범 읽기를 들으며 따라 읽을 수 있도록, 단계별 음원을 QR코드에 담았습니다.
- 아이가 수업 시간에 '이거 내가 소리 내어 읽은 내용인데!' 하며 자신 있게 손을 들 수 있도록, 모든 글을 교과서 주제와 밀접하게 집필했습니다.
- 읽기 유창성은 물론, 학습의 기초 체력을 다지고 매일 공부하는 좋은 습관까지 함께 기를 수 있는 방향으로 설계했습니다.

하루 10분, 교과 연계 지문을 소리 내어 읽도록 구성한 이 책이 아이의 문해력과 학력, 그리고 꾸준히 배우는 힘을 길러 주는 든든한 벗이 되어 주기를 소망합니다.

오늘도 아이들과 함께 하루를 보낸,
윤희솔 · 소선중 올림

이 책은 이렇게 활용하세요!

① <소리 내어 읽기>의 중요성

왜 옛날 사람들은 뜻도 모르는 천자문을 그토록 소리 내어 읽었을까요?

천자문을 비롯한 고전을 반복해 소리 내어 읽는 일은, 말소리를 문자를 통한 의미와 연결하는 훈련이었습니다. 문자보다 먼저 생긴 소리에 익숙해지는 것이 문해력 발달의 첫 걸음이라는 사실을 옛사람들은 경험적으로 알고 있었던 것입니다. 일본의 뇌과학자 가와시마 류타 교수는 "소리 내어 읽을 때 뇌의 광범위한 영역이 동시에 활성화된다"고 말합니다. '소리 내어 읽기'는 단순한 읽기 연습을 넘어, 뇌 전체를 깨우는 통합적 학습의 시작이었던 것이지요.

무엇보다도, 반복하여 소리 내어 읽기는 초기 문해력의 핵심인 '읽기 유창성'을 길러 주는 가장 확실하고도 강력한 방법이기도 합니다.

② 읽기 유창성이란?

미국의 국립읽기위원회(NRP: National Reading Panel)는 11만 건이 넘는 문해력 연구 중 엄격한 기준을 충족한 연구들만 선별하여 분석한 결과, 읽기 능력을 좌우하는 결정적인 다섯 가지 요소를 다음과 같이 발표했습니다.

① 음운 인식 ② 음운 규칙 ③ 읽기 유창성 ④ 어휘력 ⑤ 읽기 이해

이 중 읽기 유창성은 글을 빠르고 정확하게, 그리고 자연스러운 억양과 리듬으로 읽는 능력을 나타내며, 문해력은 물론, 학업 성취에까지 영향을 미치는 핵심 요소로 강조되어 왔습니다.

특히 읽기 유창성이 중요한 이유는, 해독(글자를 소리로 바꾸는 과정)과 이해(글의 뜻을 파악하는 과정) 사이를 이어 주는 다리 역할을 하기 때문입니다. 결국 읽기 유창성이 갖추어져야 비로소 '이해'라는 더 높은 사고 수준으로 도약할 수 있는 것입니다.

그럼에도, 많은 국어 교재와 수업 현장은 여전히 어휘 학습이나 독해 중심의 활동에만 치우친 경향이 있습니다. 그 이전에 읽기 유창성의 출발점인 '소리 내어 읽기'를 통해 해독과 이해 사이의 다리를 튼튼하게 이어놓아야 합니다.

③ 이 책의 활용법

'읽기 유창성'을 기르기 위해서는 단계에 맞는 훈련이 필요합니다. 이 책은 '정확성 → 신속성 → 표현성'이라는 세 단계의 연습을 통해, 체계적으로 읽기 유창성을 완성할 수 있도록 설계되었습니다.

1단계
정확성

틀리지 않고 정확하게 읽는 연습입니다.
단어 하나라도 정확히 읽지 못하면 문장 전체를 이해하는 기반이 약해지므로, 무엇보다 정확성이 중요합니다. 또한, 정확한 발음을 반복해 연습하는 과정은 문법 지식과 음운 인식을 함께 체화하는 과정입니다. 이 단계는 이후 신속성과 표현성을 발달시키기 위한 토대가 됩니다.

2단계
신속성

어절과 문장을 끊김 없이 빠르게 연결하여 읽는 훈련입니다.
영어권에서는 학년에 따라 분당 정확히 읽어야 할 단어 수(WCPM: Words Correct Per Minute)를 제시할 만큼, 읽기 속도는 이해력을 예측하는 주요 지표로 사용됩니다. 적절한 속도로 읽을 수 있어야 인지 자원을 해독이 아닌 이해에 집중할 수 있기 때문입니다.

3단계
표현성

의미를 담아 자연스럽게 읽는 훈련입니다.
문장을 의미 단위로 끊어 읽고, 문맥에 어울리는 분위기와 느낌을 담아 읽는 단계입니다. 표현성을 '운율(prosody)'이라고도 하는데, 이는 문장을 읽을 때의 높낮이, 멈춤, 속도 같은 소리의 흐름을 말합니다. 운율이 살아 있는 읽기는 글을 깊이 이해하게 하고, 그 의미와 감정을 자연스럽게 전달하는 데 꼭 필요한 요소입니다.

이 책에 제시된 세 단계는 읽기 유창성을 길러 주는 과학적 원리에 기반한 훈련으로, 그 효과가 이미 여러 연구를 통해 증명되어 왔습니다. 조급함을 내려놓고 이 과정을 성실히 따라간다면, 문해력은 단단하게, 그리고 반드시 자라날 것입니다.

이 책은 이렇게 구성되었어요!

본문 읽기

단계별 학년과 학기에 맞춘 교과 연계 본문을 통해, 소리 내어 읽는 연습을 하면서 동시에 교과 지식도 자연스럽게 익힐 수 있어요. 읽는 데 걸린 시간을 적는 란이 있어서, 읽기에 더 집중하고 자신의 속도를 점검하는 데 도움이 돼요.

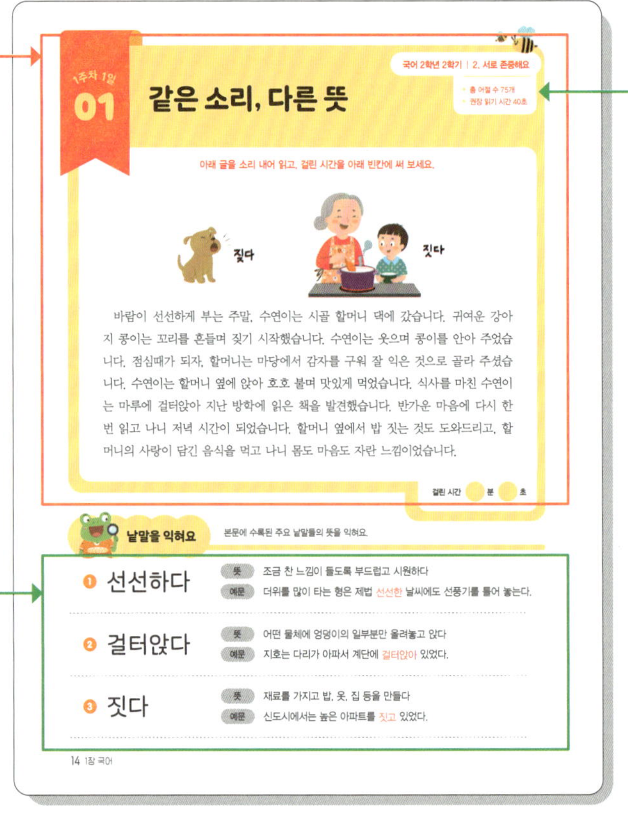

1주차 1일

01 같은 소리, 다른 뜻

국어 2학년 2학기 | 2. 서로 존중해요

- 총 어절 수 75개
- 권장 읽기 시간 40초

아래 글을 소리 내어 읽고, 걸린 시간을 아래 빈칸에 써 보세요.

바람이 선선하게 부는 주말, 수연이는 시골 할머니 댁에 갔습니다. 귀여운 강아지 콩이는 꼬리를 흔들며 짖기 시작했습니다. 수연이는 웃으며 콩이를 안아 주었습니다. 점심때가 되자, 할머니는 마당에서 감자를 구워 잘 익은 것으로 골라 주셨습니다. 수연이는 할머니 옆에 앉아 호호 불며 맛있게 먹었습니다. 식사를 마친 수연이는 마루에 걸터앉아 지난 방학에 읽은 책을 발견했습니다. 반가운 마음에 다시 한 번 읽고 나니 저녁 시간이 되었습니다. 할머니 옆에서 밥 짓는 것도 도와드리고, 할머니의 사랑이 담긴 음식을 먹고 나니 몸도 마음도 자란 느낌이었습니다.

걸린 시간 분 초

낱말을 익혀요 본문에 수록된 주요 낱말들의 뜻을 익혀요.

1. 선선하다
   - 뜻: 조금 찬 느낌이 들도록 부드럽고 시원하다
   - 예문: 더위를 많이 타는 형은 제법 선선한 날씨에도 선풍기를 틀어 놓는다.
2. 걸터앉다
   - 뜻: 어떤 물체에 엉덩이의 일부분만 올려놓고 앉다
   - 예문: 지호는 다리가 아파서 계단에 걸터앉아 있었다.
3. 짓다
   - 뜻: 재료를 가지고 밥, 옷, 집 등을 만들다
   - 예문: 신도시에서는 높은 아파트를 짓고 있었다.

14 1장 국어

낱말 익히기

본문을 이해하는 데 필요한 낱말과, 교과 학습의 핵심 개념을 담은 학습도구어를 선별해 담았어요. 문해력의 중요한 요소인 어휘력을 키울 수 있도록 하기 위해 뜻과 예문을 함께 실었어요.

각 본문에 해당 내용이 다뤄지는 교과와 단원을 함께 제시했어요. 어떤 수업에서 배우는 내용인지 쉽게 확인할 수 있어, 학교 공부와도 자연스럽게 이어지도록 구성했어요.

특별부록

길벗스쿨 홈페이지(www.gilbutschool.co.kr)에 접속한 뒤, 검색창에 책 제목을 입력하면 자료실에서 다음 자료들을 다운로드할 수 있어요.

1 본문 내 교과 연계 주요 한자어 목록 120
본문에 실린 한자어 중 주요 한자어만을 골라 장별로 20개씩 제시했어요. 개별 한자들의 뜻을 이해한다면 교과 어휘가 더욱 더 쉬워질 거예요.

2 단계별 읽기 훈련 자료
교재에 수록된 QR코드의 단계별 모범 읽기 자료를 MP3 파일로도 제공하고 있어요. 언제 어디서나 음성 파일을 들으며 소리 내어 읽는 연습을 할 수 있어요.

단계별 훈련하기

소리 내어 읽기는 무작정 반복하기만 하는 것보다 순서를 따라 체계적으로 연습하는 것이 훨씬 효과적이에요. 아래 단계를 하나씩 차근차근 따라 해 보세요.

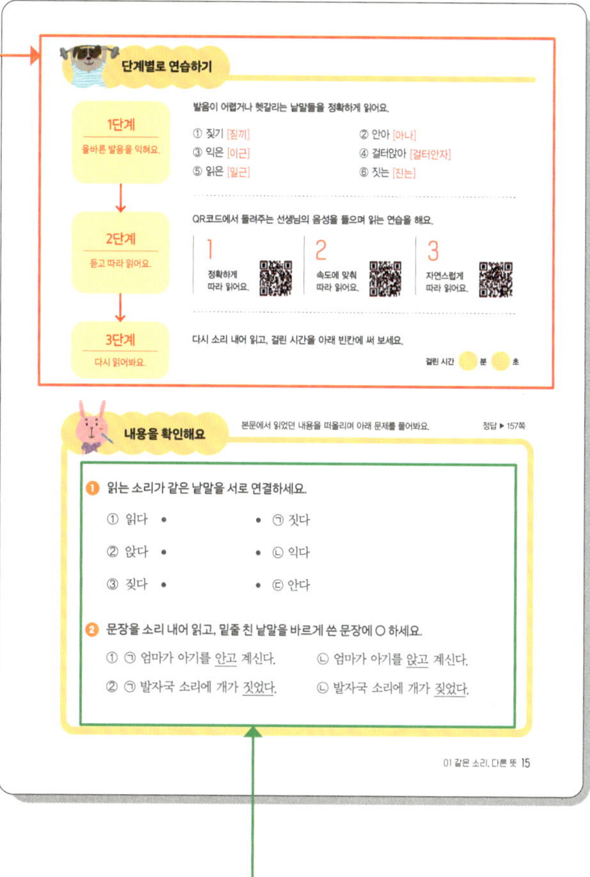

단계별로 연습하기

1단계
올바른 발음을 익혀요.

발음이 어렵거나 헷갈리는 낱말들을 정확하게 읽어요.

① 짖기 [짇끼] ② 안아 [아나]
③ 익은 [이근] ④ 걸터앉아 [걸터안자]
⑤ 읽은 [일근] ⑥ 짓는 [진는]

2단계
듣고 따라 읽어요.

QR코드에서 들려주는 선생님의 음성을 들으며 읽는 연습을 해요.

1 정확하게 따라 읽어요.
2 속도에 맞춰 따라 읽어요.
3 자연스럽게 따라 읽어요.

3단계
다시 읽어봐요.

다시 소리 내어 읽고, 걸린 시간을 아래 빈칸에 써 보세요.

걸린 시간 분 초

내용을 확인해요

본문에서 읽었던 내용을 떠올리며 아래 문제를 풀어봐요. 정답 ▶ 157쪽

1 읽는 소리가 같은 낱말을 서로 연결하세요.

① 읽다 •	• ㉠ 짓다
② 앉다 •	• ㉡ 익다
③ 짖다 •	• ㉢ 안다

2 문장을 소리 내어 읽고, 밑줄 친 낱말을 바르게 쓴 문장에 ○ 하세요.

① ㉠ 엄마가 아기를 안고 계신다. ㉡ 엄마가 아기를 앉고 계신다.
② ㉠ 발자국 소리에 개가 짓었다. ㉡ 발자국 소리에 개가 짖었다.

01 같은 소리, 다른 뜻 15

1단계 올바른 발음을 익혀요

본문에 수록된 어휘 중 발음이 어렵거나 헷갈리기 쉬운 낱말을 모아, 먼저 정확하게 발음해 보는 연습을 해요.

2단계 듣고 따라 읽어요

이 단계는 읽기 유창성을 키우기 위해 꼭 필요한 세 가지 순서에 따라 소리 내어 읽는 연습을 해요. 먼저 한 문장씩 또박또박 정확하게 따라 읽으며 '정확성'을 다져요. 그다음 선생님의 읽는 속도에 맞춰 한 문장씩 읽으며, '신속성'을 익혀요. 마지막으로는 선생님과 동시에 글 전체를 읽으며, 억양과 호흡을 살려 '표현성'을 단련해요.

3단계 다시 읽어봐요

이제는 스스로 처음부터 끝까지 읽어볼 차례예요. 다 읽은 후에는 걸린 시간을 기록해 보세요. 표현성을 살려 읽다 보면 처음보다 시간이 더 걸릴 수도 있지만, 권장 시간 안에 읽는 것이 목표라는 점도 함께 기억해 두면 좋아요.

내용을 확인해요

단계에 따라 연습한 뒤에는, 간단한 문제로 내용을 잘 이해했는지 확인해 보세요. 소리 내어 읽기는 의미를 정확히 파악하는 힘으로 이어지므로, 읽은 내용을 되짚어 보는 과정이 꼭 필요해요. 틀린 문제가 있다면 본문과 어휘를 다시 읽고 풀어 보세요.

차례

3장

통합 계절

4장

통합 인물

아래 학습 계획표를 참고하여 12주 완성을 목표로 매일매일 꾸준히 학습하세요.
학습이 끝난 후 오른쪽 칸에 V 하세요.

요일	월		화		수		목		금	
1주 차	01	V	02		03		04		05	
2주 차	06		07		08		09		10	
3주 차	11		12		13		14		15	
4주 차	16		17		18		19		20	
5주 차	21		22		23		24		25	
6주 차	26		27		28		29		30	
7주 차	31		32		33		34		35	
8주 차	36		37		38		39		40	
9주 차	41		42		43		44		45	
10주 차	46		47		48		49		50	
11주 차	51		52		53		54		55	
12주 차	56		57		58		59		60	

1장

국어

1주차 1일

01

같은 소리, 다른 뜻

국어 2학년 2학기 | 2. 서로 존중해요

- 총 어절 수 75개
- 권장 읽기 시간 45초

아래 글을 소리 내어 읽고, 걸린 시간을 아래 빈칸에 써 보세요.

바람이 선선하게 부는 주말, 수연이는 시골 할머니 댁에 갔습니다. 귀여운 강아지 콩이는 꼬리를 흔들며 짖기 시작했습니다. 수연이는 웃으며 콩이를 안아 주었습니다. 점심때가 되자, 할머니는 마당에서 감자를 구워 잘 익은 것으로 골라 주셨습니다. 수연이는 할머니 옆에 앉아 호호 불며 맛있게 먹었습니다. 식사를 마친 수연이는 마루에 걸터앉아 지난 방학에 읽은 책을 발견했습니다. 반가운 마음에 다시 한 번 읽고 나니 저녁 시간이 되었습니다. 할머니 옆에서 밥 짓는 것도 도와드리고, 할머니의 사랑이 담긴 음식을 먹고 나니 몸도 마음도 자란 느낌이었습니다.

걸린 시간   분  초

낱말을 익혀요

본문에 수록된 주요 낱말들의 뜻을 익혀요.

① 선선하다

뜻 조금 찬 느낌이 들도록 부드럽고 시원하다

예문 더위를 많이 타는 형은 제법 선선한 날씨에도 선풍기를 틀어 놓는다.

② 걸터앉다

뜻 어떤 물체에 엉덩이의 일부분만 올려놓고 앉다

예문 지호는 다리가 아파서 계단에 걸터앉아 있었다.

③ 짓다

뜻 재료를 가지고 밥, 옷, 집 등을 만들다

예문 신도시에서는 높은 아파트를 짓고 있었다.

단계별로 연습하기

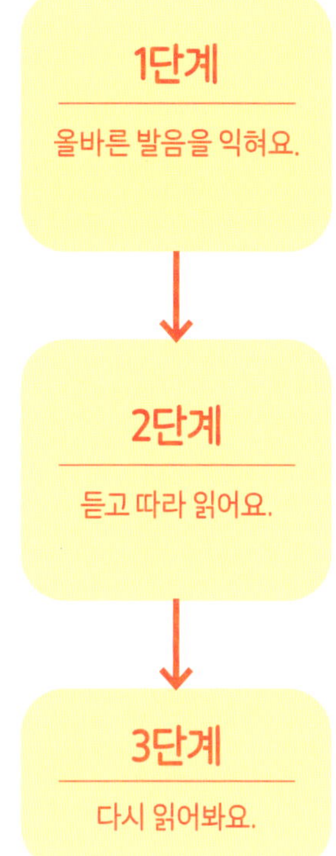

발음이 어렵거나 헷갈리는 낱말들을 정확하게 읽어요.

① 짖기 [진끼] ② 안아 [아나]
③ 익은 [이근] ④ 걸터앉아 [걸터안자]
⑤ 읽은 [일근] ⑥ 짓는 [진는]

QR코드에서 들려주는 선생님의 음성을 들으며 읽는 연습을 해요.

1 정확하게 따라 읽어요. 

2 속도에 맞춰 따라 읽어요. 

3 자연스럽게 따라 읽어요. 

다시 소리 내어 읽고, 걸린 시간을 아래 빈칸에 써 보세요.

걸린 시간  분  초 

내용을 확인해요

본문에서 읽었던 내용을 떠올리며 아래 문제를 풀어봐요.

정답 ▶ 157쪽

1 읽는 소리가 같은 낱말을 서로 연결하세요.

① 읽다 •	• ㉠ 짓다
② 앉다 •	• ㉡ 익다
③ 짖다 •	• ㉢ 안다

2 문장을 소리 내어 읽고, 밑줄 친 낱말을 바르게 쓴 문장에 O 하세요.

① ㉠ 엄마가 아기를 <u>안고</u> 계신다. ㉡ 엄마가 아기를 <u>앉고</u> 계신다.

② ㉠ 발자국 소리에 개가 <u>짓었다</u>. ㉡ 발자국 소리에 개가 <u>짖었다</u>.

1주차 2일

02

도움이 되는 말

국어 2학년 2학기 | 2. 서로 존중해요

- 총 어절 수 77개
- 권장 읽기 시간 45초

아래 글을 소리 내어 읽고, 걸린 시간을 아래 빈칸에 써 보세요.

다른 사람에게 어려움이 있을 때 도움이 되도록 말로 알려주는 것을 조언이라고 합니다.

"민지야, 발표할 때 너무 더듬더라. 그냥 외워!"

→ 친구의 실수를 비난하면서 조언하면 기분만 나빠지고 자신감을 잃을 수 있어요.

"속상했어? 그냥 잊어버려. 다 그런 거야."

→ 문제 상황에 공감하지 않고, 구체적인 도움 없이 대충 넘기는 말은 성의 없어 보일 수 있어요.

"줄넘기 아직도 못 해? 그냥 포기해. 운동은 원래 타고나는 거야."

→ 노력을 무시하듯이 말하면 괜히 말했다고 생각하게 될 수 있지요.

조언할 때는 상대를 도우려는 마음과 존중하는 태도가 중요하답니다.

걸린 시간  분  초 

낱말을 익혀요

본문에 수록된 주요 낱말들의 뜻을 익혀요.

1 더듬다

- 뜻: 말하거나 글을 읽을 때 매끄럽지 못하고 자꾸 막히다
- 예문: 지수는 여러 사람 앞에만 서면 부끄러워서 말을 더듬게 된다.

2 공감하다

- 뜻: 다른 사람의 마음이나 생각에 대해 자신도 그렇다고 똑같이 느끼다
- 예문: 나는 고개를 끄덕이며 공감한다는 것을 표현했다.

3 성의

- 뜻: 정성스러운 뜻
- 예문: 민준이는 수업 시간 활동에 성의를 다해 참여한다.

단계별로 연습하기

1단계
올바른 발음을 익혀요.

발음이 어렵거나 헷갈리는 낱말들을 정확하게 읽어요.

① 더듬더라 [더듬떠라]　② 잃을 [이를]
③ 속상했어 [속쌍해써]　④ 잊어버려 [이저버려]
⑤ 줄넘기 [줄럼끼]　⑥ 원래 [월래]

2단계
듣고 따라 읽어요.

QR코드에서 들려주는 선생님의 음성을 들으며 읽는 연습을 해요.

1 정확하게 따라 읽어요.
2 속도에 맞춰 따라 읽어요.
3 자연스럽게 따라 읽어요.

3단계
다시 읽어봐요.

다시 소리 내어 읽고, 걸린 시간을 아래 빈칸에 써 보세요.

걸린 시간   분  초

내용을 확인해요

본문에서 읽었던 내용을 떠올리며 아래 문제를 풀어봐요.

정답 ▶ 157쪽

1 다른 사람에게 도움이 되도록 말할 때 주의할 점으로 알맞지 않은 것은 무엇인가요?

① 문제 상황에 공감하며 말한다.
② 구체적으로 도움이 되는 방법을 이야기한다.
③ 노력해도 되지 않는 일은 빨리 포기하라고 용기를 준다.
④ 친구를 도우려는 마음을 가지고 친구의 기분도 존중하며 말한다.

2 <보기>의 친구에게 나라면 어떤 말로 도움을 주고 싶은지 쓰세요.

> 보기
> 공에 맞을까 봐 무서워서 공놀이를 못 하는 친구

1주차 3일

03

마음을 담은 사과

국어 2학년 2학기 | 3. 내용을 살펴요

- 총 어절 수 76개
- 권장 읽기 시간 45초

아래 글을 소리 내어 읽고, 걸린 시간을 아래 빈칸에 써 보세요.

누군가에게 잘못을 했을 때는 꼭 사과해야 합니다. 사과는 마음을 전하는 중요한 말입니다. 진심으로 사과하려면 먼저 내가 무엇을 잘못했는지 생각해야 합니다. 그리고 그 일에 대해 상대의 처지에서 느껴보는 것도 중요합니다.

"미안해, 많이 속상했지?"처럼 상대의 기분을 이해하는 말을 함께 하면 진심이 전해집니다. 그런데 사과하면서, "근데 너도 그랬잖아." 같은 변명을 하면, 오히려 상대는 더 속상해질 수 있고, 진심처럼 들리지 않습니다.

사과는 용기가 필요하지만, 상대방을 소중하게 생각하는 마음에서 시작됩니다. 잘못을 인정하고 진심을 담아 사과하면, 더 좋은 친구로 지낼 수 있답니다.

걸린 시간 분 초

낱말을 익혀요

본문에 수록된 주요 낱말들의 뜻을 익혀요.

① 사과

- 뜻: 자신의 잘못을 인정하며 용서해 달라고 빎
- 예문: 지영이가 한 말 때문에 속상했는데 먼저 사과를 해줘서 마음이 풀렸다.

② 처지

- 뜻: 처해 있는 형편이나 사정
- 예문: 그 친구와 나는 비슷한 처지라서 더욱 얘기가 잘 통한다.

③ 변명

- 뜻: 이해나 용서를 구하기 위해 자신의 잘못이나 실수에 대한 이유를 말함
- 예문: 약속을 어겼을 때는 변명을 하는 것보다 사과를 먼저 하는 것이 좋다.

단계별로 연습하기

1단계

올바른 발음을 익혀요.

발음이 어렵거나 헷갈리는 낱말들을 정확하게 읽어요.

① 잘못을 [잘모슬] ② 했을 [해쓸]
③ 많이 [마니] ④ 속상했지 [속쌍핻찌]
⑤ 그랬잖아 [그랟짜나] ⑥ 생각하는 [생가카는]

2단계

듣고 따라 읽어요.

QR코드에서 들려주는 선생님의 음성을 들으며 읽는 연습을 해요.

1 정확하게 따라 읽어요.
2 속도에 맞춰 따라 읽어요.
3 자연스럽게 따라 읽어요.

3단계

다시 읽어봐요.

다시 소리 내어 읽고, 걸린 시간을 아래 빈칸에 써 보세요.

걸린 시간 ___ 분 ___ 초

내용을 확인해요

본문에서 읽었던 내용을 떠올리며 아래 문제를 풀어봐요.

정답 ▶ 157쪽

1 <보기>에서 알맞은 낱말을 골라 빈칸에 쓰세요.

보기	사과	용기	진심	처지	소중	변명

① 잘못을 했을 때는 ____________(으)로 상대방에게 꼭 ____________ 을/를 해야 한다.

② 사과하면서 ____________하지 않고, 상대방의 ____________에서 생각해 본다.

③ 사과는 ____________이/가 필요하지만, 상대방을 ____________하게 생각하는 마음에서 시작된다.

1주차 4일

04

삶아, 살아, 삼아

국어 2학년 2학기 | 3. 내용을 살펴요

- 총 어절 수 76개
- 권장 읽기 시간 45초

아래 글을 소리 내어 읽고, 걸린 시간을 아래 빈칸에 써 보세요.

(부분은 소리내어 읽지 않습니다.)

4월 23일 화요일, 날씨: 맑음

방과후 요리 교실에서 감자를 직접 삶아 보았다. 냄비에 감자, 물, 소금을 함께 넣고 끓을 때까지 기다렸다. 다 익은 감자를 후후 불며 먹었는데, 친구들과 먹으니 더 맛있게 느껴졌다.

학교에서 돌아오는 길에 길고양이를 만났다. 길에서 살아, 사람들이 오가며 그 고양이에게 밥을 준다. 처음엔 무서웠는데, 자주 보니 정이 들었다. 그래서 나만의 비밀 친구로 삼아 잘해주려고 한다.

집에 도착하니 내가 기대한 간식은 없고, 동생이 큰 인형을 등에 업고 놀고 있었다. 과자가 없어 속상했지만, 신나서 뛰고 있는 동생을 보니 웃음이 났다.

걸린 시간  분  초

낱말을 익혀요

본문에 수록된 주요 낱말들의 뜻을 익혀요.

❶ 삶다

뜻 물에 넣고 끓이다

예문 나는 삶은 밤보다 구운 밤을 더 좋아한다.

❷ 오가다

뜻 거리나 길을 오고 가며 지나다니다

예문 수업을 알리는 종이 치자 학생들은 바쁘게 복도를 오가기 시작했다.

❸ 삼다

뜻 어떤 사람을 자기와 관계가 있는 사람이 되게 하다

예문 우리 할아버지는 자연을 친구 삼아 시골에서 살고 계신다.

단계별로 연습하기

1단계
올바른 발음을 익혀요.

발음이 어렵거나 헷갈리는 낱말들을 정확하게 읽어요.

① 직접 [직쩝]	② 삶아 [살마]
③ 넣고 [너코]	④ 끓을 [끄를]
⑤ 살아 [사라]	⑥ 없고 [업꼬]

2단계
듣고 따라 읽어요.

QR코드에서 들려주는 선생님의 음성을 들으며 읽는 연습을 해요.

1 정확하게 따라 읽어요. 

2 속도에 맞춰 따라 읽어요. 

3 자연스럽게 따라 읽어요. 

3단계
다시 읽어봐요.

다시 소리 내어 읽고, 걸린 시간을 아래 빈칸에 써 보세요.

걸린 시간  분  초 

내용을 확인해요

본문에서 읽었던 내용을 떠올리며 아래 문제를 풀어봐요. 정답 ▶ 157쪽

1 그림에 알맞은 낱말에 ○ 하세요.

①  (업다, 없다)

②   (업다, 없다)

2 낱말을 바르게 읽은 것에는 ○, 틀리게 읽은 것에는 × 하세요.

① 삶아 [사마] (　　)

② 없고 [업꼬] (　　)

③ 없어 [업서] (　　)

1주차 5일

05

공원에서의 하루

국어 2학년 2학기 | 7. 내 생각은 이래요

- 총 어절 수 75개
- 권장 읽기 시간 45초

아래 글을 소리 내어 읽고, 걸린 시간을 아래 빈칸에 써 보세요.

아침 일찍 일어나 동생과 함께 집 근처 숲이 있는 공원에 갔다.

"오늘은 하늘이 정말 맑네. 날씨가 괜찮아서 소풍 오길 잘했어!"

동생이 신나서 말했다. 동생은 신발을 벗고 풀밭을 밟고 다녔다. 우리는 넓은 잔디밭을 달리기도 하고, 그늘에 앉아 쉬기도 했다. 동생이 읽고 있던 책을 나도 잠깐 읽어 보았다.

점심때가 되어 엄마가 싸주신 도시락을 꺼냈다. 내가 좋아하는 김밥이어서 아주 맛있게 먹었다. 구름은 높이 떠 있었고, 바람은 시원하게 불어왔다. 우리는 그렇게 하루 종일 신나게 놀았다. 공원에서의 하루는 정말 행복했다!

걸린 시간 ( ) 분 ( ) 초

낱말을 익혀요

본문에 수록된 주요 낱말들의 뜻을 익혀요.

1 근처

- 뜻: 어떤 장소나 물건, 사람을 중심으로 하여 가까운 곳
- 예문: 우리 학교 근처에는 유치원과 어린이집이 있다.

2 그늘

- 뜻: 빛이 어떤 물체에 가려져 생긴 어두운 부분
- 예문: 우리 가족은 시원한 나무 그늘 아래에서 더위를 식혔다.

3 종일

- 뜻: 아침부터 저녁까지의 동안
- 예문: 민준이는 감기에 걸려서 종일 집에만 있었다.

단계별로 연습하기

1단계
올바른 발음을 익혀요.

발음이 어렵거나 헷갈리는 낱말들을 정확하게 읽어요.

① 숲이 [수피]　② 맑네 [망네]
③ 괜찮아서 [괜차나서]　④ 밟고 [밥꼬]
⑤ 읽고 [일꼬]　⑥ 읽어 [일거]

2단계
듣고 따라 읽어요.

QR코드에서 들려주는 선생님의 음성을 들으며 읽는 연습을 해요.

1 정확하게 따라 읽어요.
2 속도에 맞춰 따라 읽어요.
3 자연스럽게 따라 읽어요.

3단계
다시 읽어봐요.

다시 소리 내어 읽고, 걸린 시간을 아래 빈칸에 써 보세요.

걸린 시간 (　) 분 (　) 초

내용을 확인해요

본문에서 읽었던 내용을 떠올리며 아래 문제를 풀어봐요.

정답 ▶ 157쪽

1 다음 낱말이 어떻게 소리 나는지 알맞은 것을 찾아 ○ 하세요.

①	맑네	[망네]	[말네]
②	괜찮아서	[괜차나서]	[괜찬하서]
③	밟고	[발꼬]	[밥꼬]

2 다음 문장에서 틀리게 쓴 낱말을 모두 찾아 밑줄을 긋고 바르게 고쳐 쓰세요.

• 동생은 신발을 버꼬 풀바틀 밟고 다녔다.

2주차 1일

06

현우에게

국어 2학년 2학기 | 4. 마음을 전해요

- 총 어절 수 74개
- 권장 읽기 시간 45초

아래 글을 소리 내어 읽고, 걸린 시간을 아래 빈칸에 써 보세요.

현우에게 ← 받는 사람

현우야, 안녕? 나 은성이야. ← ①

전학 간 학교에서도 잘 지내고 있지? 새 학교는 어떤지, 친구들은 사귀었는지 궁금하다. 너 없는 교실이 아직도 익숙하지 않아. 체육 시간에 너랑 같이 축구하던 것, 급식 먹을 때 너랑 나란히 앉았던 것도 떠올라. 너도 낯설고 힘들 땐 우리 생각하면서 힘냈으면 좋겠어. 나중에 기회 되면 우리 꼭 다시 만나자. 방학 때 놀러 올 수 있으면 꼭 놀러 와! 답장도 기다릴게. ← 전하고 싶은 말

건강하게 잘 지내! 보고 싶어! ← ②

2025년 11월 15일 ← 쓴 날짜

너의 친구 은성이가 ← ③

걸린 시간 ( )분 ( )초

낱말을 익혀요

본문에 수록된 주요 낱말들의 뜻을 익혀요.

1 전학

- 뜻: 다니던 학교에서 다른 학교로 옮겨 감
- 예문: 선생님께서 다른 학교에서 전학을 온 친구를 소개해 주셨다.

2 익숙하다

- 뜻: 어떤 것을 자주 보거나 겪어서 낯설지 않고 편하다
- 예문: 선호와 나는 유치원 때부터 단짝이어서 익숙한 사이이다.

3 답장

- 뜻: 질문이나 편지에 대한 답으로 보내는 편지
- 예문: 외국에 공부하러 간 형에게서 답장이 왔다.

단계별로 연습하기

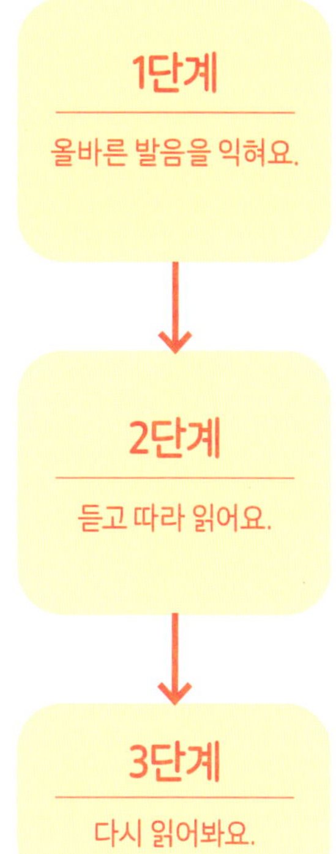

발음이 어렵거나 헷갈리는 낱말들을 정확하게 읽어요.

① 없는 [엄는] ② 아직도 [아직또]
③ 익숙하지 [익쑤카지] ④ 앉았던 [안자떤]
⑤ 낯설고 [낟썰고] ⑥ 답장 [답짱]

QR코드에서 들려주는 선생님의 음성을 들으며 읽는 연습을 해요.

1 정확하게 따라 읽어요. 

2 속도에 맞춰 따라 읽어요. 

3 자연스럽게 따라 읽어요. 

다시 소리 내어 읽고, 걸린 시간을 아래 빈칸에 써 보세요.

걸린 시간   분  초

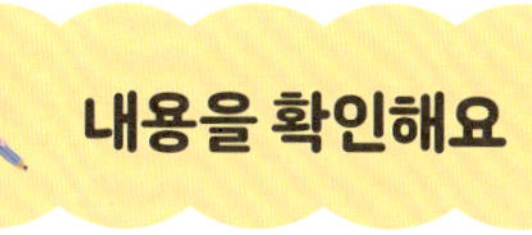

내용을 확인해요

본문에서 읽었던 내용을 떠올리며 아래 문제를 풀어봐요. 정답 ▶ 157쪽

1 편지에 나타난 은성이의 마음으로 알맞은 것은 무엇인가요?

① 전학을 간 친구를 그리워하고 있다.

② 새로 사귄 친구를 소개해 주고 싶어 한다.

③ 전학을 온 친구와 축구를 해서 즐거워하고 있다.

2 은성이가 쓴 편지에서 각 번호에 들어갈 알맞은 내용을 <보기>에서 찾아 쓰세요.

보기 쓴 사람 첫인사 끝인사

① (　　　　) ② (　　　　) ③ (　　　　)

2주차 2일

07

국어 2학년 2학기 | 5. 바른 말로 이야기 나누어요

헷갈리기 쉬운 낱말

- 총 어절 수 77개
- 권장 읽기 시간 45초

아래 글을 소리 내어 읽고, 걸린 시간을 아래 빈칸에 써 보세요.
(숫자 표시 ⟨1⟩, ⟨2⟩는 소리 내어 읽지 않습니다.)

⟨1⟩

민우는 새 필통을 샀습니다. 크기는 작지만, 연필이 많이 들어가는 신기한 필통이었습니다.

친구 유진이가 물었습니다.

"그거 되게 작다! 연필이 몇 개나 들어가?"

민우는 웃으며 대답했습니다.

"작아 보여도 열 개 넘게 들어가! 들어가는 양은 적지 않아."

⟨2⟩

민재는 방 청소를 하던 중, 오래된 나무 상자를 발견했습니다. 상자의 뚜껑을 열자, 그 안에는 가족사진이 여러 장 들어 있었습니다. 오래되어 빛에 바랜 사진들도 있었습니다. 민재를 안고 있는 아빠와 엄마의 웃는 얼굴은 흐릿하고, 배경은 거의 보이지 않았습니다. 민재는 사진이 바래서 속상했지만, 추억은 영원하길 바랐습니다.

걸린 시간 ( )분 ( )초

낱말을 익혀요

본문에 수록된 주요 낱말들의 뜻을 익혀요.

1 작다

- 뜻: 길이, 넓이, 부피 등이 다른 것이나 보통보다 덜하다
- 예문: 방이 너무 작아서 침대와 책상을 같이 놓을 수가 없다.

2 적다

- 뜻: 수나 양, 정도가 일정한 기준에 미치지 못하다
- 예문: 나는 적은 돈이었지만 조금씩 모아서 부모님께 드릴 선물을 샀다.

3 바래다

- 뜻: 볕이나 습기 때문에 색이 희미해지거나 누렇게 변하다
- 예문: 창가에 놓아둔 책이 햇빛을 받아 색이 바랬다.

4 바라다

- 뜻: 생각이나 희망대로 어떤 일이 이루어지기를 기대하다
- 예문: 나는 병원에 계신 할머니께서 빨리 퇴원하시기를 바랐다.

단계별로 연습하기

1단계
올바른 발음을 익혀요.

발음이 어렵거나 헷갈리는 낱말들을 정확하게 읽어요.

① 작지만 [작찌만] ② 적지 [적찌]
③ 빛에 [비체] ④ 안고 [안꼬]
⑤ 웃는 [운는] ⑥ 흐릿하고 [흐리타고]

2단계
듣고 따라 읽어요.

QR코드에서 들려주는 선생님의 음성을 들으며 읽는 연습을 해요.

1 정확하게 따라 읽어요.

2 속도에 맞춰 따라 읽어요.

3 자연스럽게 따라 읽어요. 

3단계
다시 읽어봐요.

다시 소리 내어 읽고, 걸린 시간을 아래 빈칸에 써 보세요.

걸린 시간  분   초

내용을 확인해요

본문에서 읽었던 내용을 떠올리며 아래 문제를 풀어봐요.

정답 ▶ 157쪽

1 그림에 어울리는 낱말을 찾아 연결하세요.

①  

② 

- ㉠ 바라다
- ㉡ 바래다
- ㉢ 작다
- ㉣ 적다

2주차 3일 08 공익광고

국어 2학년 2학기 | 6. 매체를 경험해요

- 총 어절 수 77개
- 권장 읽기 시간 45초

아래 글을 소리 내어 읽고, 걸린 시간을 아래 빈칸에 써 보세요.

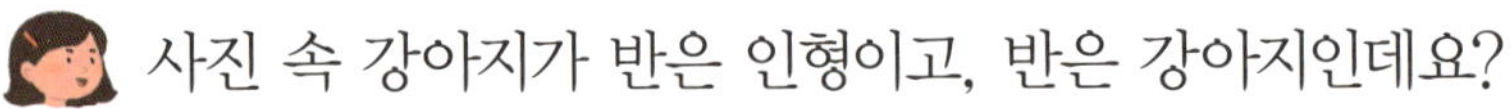

사진 속 강아지가 반은 인형이고, 반은 강아지인데요?

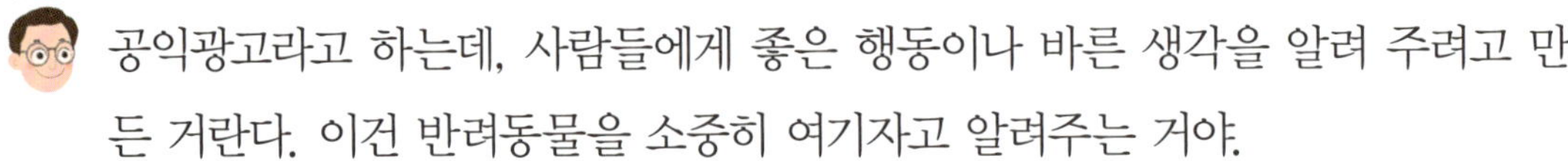

공익광고라고 하는데, 사람들에게 좋은 행동이나 바른 생각을 알려 주려고 만든 거란다. 이건 반려동물을 소중히 여기자고 알려주는 거야.

귀엽다고 데려왔다가 다시 버리는 사람들도 있어요?

안타깝게도 그렇단다. 그런 사람들 때문에 아픈 유기동물들이 많아.

너무 불쌍해요.

강아지를 키운다는 건 한 가족을 맞이하는 거랑 같아. 아이를 키우는 것처럼 끝까지 책임질 수 있어야 해. 반려동물은 우리가 심심할 때만 같이 노는 장난감이 아니야. 소중한 생명이니까 아끼고 사랑해야지.

전 나중에 꼭 책임질 수 있을 때 키울래요.

걸린 시간  분  초

낱말을 익혀요

본문에 수록된 주요 낱말들의 뜻을 익혀요.

① 공익

뜻 사회 전체의 이익

예문 개인의 이익도 중요하지만 공익도 보호해야 한다.

② 안타깝다

뜻 뜻대로 되지 않거나 가엾고 불쌍해서 가슴이 아프고 답답하다

예문 안타깝게도 농구대회에서 우리 팀이 1점 차이로 졌다.

③ 유기

뜻 보살피거나 관리하지 않고 버림

예문 길에서 유기된 고양이들을 볼 때가 있다.

단계별로 연습하기

1단계
올바른 발음을 익혀요.

발음이 어렵거나 헷갈리는 낱말들을 정확하게 읽어요.

① 반려동물 [발려동물] ② 귀엽다고 [귀엽따고]
③ 안타깝게도 [안타깝께도] ④ 그렇단다 [그러탄다]
⑤ 맞이하는 [마지하는] ⑥ 장난감 [장난깜]

2단계
듣고 따라 읽어요.

QR코드에서 들려주는 선생님의 음성을 들으며 읽는 연습을 해요.

1 정확하게 따라 읽어요. 

2 속도에 맞춰 따라 읽어요. 

3 자연스럽게 따라 읽어요. 

3단계
다시 읽어봐요.

다시 소리 내어 읽고, 걸린 시간을 아래 빈칸에 써 보세요.

걸린 시간  분  초 

내용을 확인해요

본문에서 읽었던 내용을 떠올리며 아래 문제를 풀어봐요.

정답 ▶ 157쪽

1 다음을 읽고, 맞으면 ○, 틀리면 × 하세요.

① 반려동물은 소중한 생명이므로 가족처럼 대해야 한다. (　　)

② 귀여운 강아지나 고양이를 보면 무조건 가족으로 삼는다. (　　)

2 공익광고를 할 수 있는 내용으로 알맞지 않은 것은 무엇인가요?

① 쓰레기를 함부로 버리지 말자.

② 일회용품 사용을 줄이고 전기를 아끼자.

③ 새로 나온 전자제품의 기능과 좋은 점을 알아보자.

④ 이웃들에게 웃으며 인사하고 서로 친절하게 대하자.

2주차 4일

09

교실 속 텃밭

국어 2학년 2학기 | 7. 내 생각은 이래요

- 총 어절 수 75개
- 권장 읽기 시간 45초

아래 글을 소리 내어 읽고, 걸린 시간을 아래 빈칸에 써 보세요.

우리 교실에서 여러 가지 채소를 키우면 좋겠습니다. [   ] 채소를 키우면서 생명의 소중함을 배울 수 있기 때문입니다. 작은 씨앗이 물과 햇빛을 받아 점점 자라는 모습을 보면 신기하고 뿌듯할 것 같습니다. 또, 우리가 직접 키운 토마토, 상추, 오이 같은 채소를 먹을 수 있다면, 건강에도 좋고 음식의 소중함도 느낄 수 있을 것 같습니다. 매일 물을 주고 보살피면서 책임감도 키울 수 있을 것입니다. 화분은 크기가 작아서 좁은 교실에서도 쉽게 키울 수 있고, 친구들과 함께 서로 도와가며 키우면 우정도 깊어질 것입니다.

걸린 시간  분  초

낱말을 익혀요

본문에 수록된 주요 낱말들의 뜻을 익혀요.

1 뿌듯하다

뜻 기쁨이나 감격이 마음에 가득하다

예문 정성들여 만든 카네이션을 받고 좋아하시는 엄마를 보니 뿌듯했다.

2 보살피다

뜻 정성껏 보호하며 돕다

예문 우리 가족이 여행을 간 동안 이모가 강아지를 보살펴 주셨다.

3 우정

뜻 친구 사이의 정

예문 단짝 친구 재호가 전학을 갔지만 우리의 우정은 변하지 않을 것이다.

단계별로 연습하기

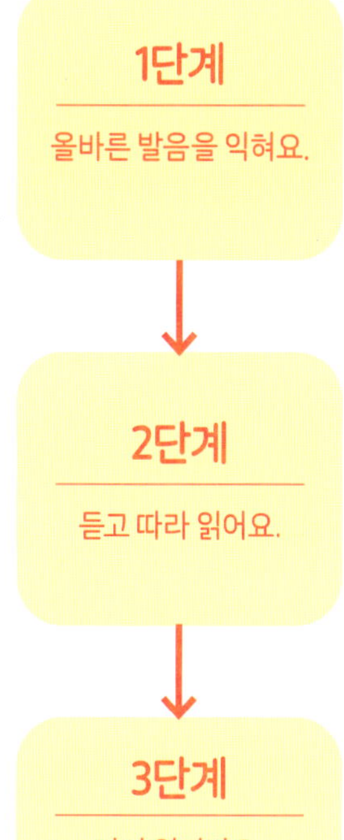

발음이 어렵거나 헷갈리는 낱말들을 정확하게 읽어요.

① 좋겠습니다 [조케씀니다] ② 씨앗이 [씨아시]
③ 햇빛을 [해삐츨 / 핻삐츨] ④ 뿌듯할 [뿌드탈]
⑤ 좋고 [조코] ⑥ 쉽게 [쉽께]

QR코드에서 들려주는 선생님의 음성을 들으며 읽는 연습을 해요.

1 정확하게 따라 읽어요. 

2 속도에 맞춰 따라 읽어요. 

3 자연스럽게 따라 읽어요. 

다시 소리 내어 읽고, 걸린 시간을 아래 빈칸에 써 보세요.

걸린 시간  분  초 

내용을 확인해요

본문에서 읽었던 내용을 떠올리며 아래 문제를 풀어봐요. 정답 ▶ 157쪽

1 본문의 빈칸에 들어갈 알맞은 낱말은 무엇인가요?

① 그리고 ② 그래서
③ 하지만 ④ 왜냐하면

2 글쓴이가 교실에서 화분을 키우자고 한 이유가 아닌 것은 무엇인가요?

① 생명의 소중함을 배울 수 있다.
② 씨앗부터 자라는 모습을 보면 뿌듯할 것이다.
③ 여러 가지 꽃을 볼 수 있어 교실이 아름다워진다.
④ 서로 도우며 식물을 가꾸면 친구끼리 사이가 더 좋아질 수 있다.

2주차 5일

10

토박이말에 담긴 하늘과 바다

국어 2학년 2학기 | 8. 나도 작가

- 총 어절 수 77개
- 권장 읽기 시간 45초

아래 글을 소리 내어 읽고, 걸린 시간을 아래 빈칸에 써 보세요.

안녕, 친구들!

신기한 자연 현상의 이름을 알아볼게. 밤하늘에 별들이 길처럼 이어진 걸 본 적 있니? 그걸 미리내라고 불러. 은하수라고도 하는데, 지구도 이 안에 있단다.

또, 태양 주변에 동그랗게 나타나는 빛의 띠를 햇무리라고 해. 달 주변에 보이는 빛의 띠는 달무리라고 하지.

하나 더! 바닷가에서 큰 물결이 밀려오는 걸 본 적 있을 거야. 이것은 너울이라고 하는데 먼바다에서 바람이 세게 불면서 생긴 파도가 해변까지 오는 거야. 너울이 클 때는 바닷가에 가까이 가면 위험해!

미리내, 햇무리, 달무리, 너울은 모두 토박이말이기도 하단다.

걸린 시간 ( ) 분 ( ) 초

낱말을 익혀요

본문에 수록된 주요 낱말들의 뜻을 익혀요.

① 은하수

뜻 흰 구름 모양으로 길게 보이는 수많은 별의 무리

예문 밤하늘에는 별들이 빛나고 그 사이로 은하수도 흐르고 있었다.

② 파도

뜻 바다에 이는 물결

예문 파도가 높게 치는 날은 배를 운항할 수 없다.

③ 토박이말

뜻 원래부터 있던 말이나 그 말에 기초하여 새로 만들어진 말

예문 옛날 우리 조상부터 써 오던 순우리말을 토박이말이라고 한다.

단계별로 연습하기

1단계

올바른 발음을 익혀요.

발음이 어렵거나 헷갈리는 낱말들을 정확하게 읽어요.

① 알아볼게 [아라볼께] ② 있단다 [읻딴다]
③ 동그랗게 [동그라케] ④ 햇무리 [핸무리]
⑤ 바닷가 [바다까/바닫까] ⑥ 물결 [물껼]

2단계

듣고 따라 읽어요.

QR코드에서 들려주는 선생님의 음성을 들으며 읽는 연습을 해요.

1 정확하게 따라 읽어요. 

2 속도에 맞춰 따라 읽어요. 

3 자연스럽게 따라 읽어요. 

3단계

다시 읽어봐요.

다시 소리 내어 읽고, 걸린 시간을 아래 빈칸에 써 보세요.

걸린 시간  분  초 

내용을 확인해요

본문에서 읽었던 내용을 떠올리며 아래 문제를 풀어봐요.

정답 ▶ 157쪽

1 다음 중 토박이말이 아닌 것은 무엇인가요?

① 미리내 ② 햇무리
③ 달무리 ④ 은하수

2 하늘에서 볼 수 있는 현상만으로 짝지어진 것은 무엇인가요?

① 미리내 – 너울
② 햇무리 – 파도
③ 달무리 – 너울
④ 은하수 – 달무리

1장 <국어> 마무리 활동

정답 ▶ 157쪽

1 1장에서 배운 내용을 생각하며, 아래의 낱말을 정확하게 읽어봐요.

① 짖기	② 읽은
③ 짓는	④ 잃을
⑤ 잊어버려	⑥ 줄넘기
⑦ 잘못을	⑧ 속상했지
⑨ 그랬잖아	⑩ 삶아
⑪ 넣고	⑫ 끓을
⑬ 맑네	⑭ 밟고
⑮ 읽고	⑯ 없는
⑰ 익숙하지	⑱ 낯설고
⑲ 작지만	⑳ 적지
㉑ 웃는	㉒ 반려동물
㉓ 그렇단다	㉔ 맞이하는
㉕ 좋겠습니다	㉖ 씨앗이
㉗ 뿌듯할	㉘ 햇무리
㉙ 바닷가	㉚ 물결

2 다음을 읽고, 맞으면 ○, 틀리면 × 하세요.

1과 ① '밥을 짖다', '개가 짓다'가 올바른 표현이다. (　　　)

4과 ② '오가다'는 거리나 길을 오고 가며 지나다닌다는 뜻이다. (　　　)

6과 ③ 편지글에는 받는 사람과 쓴 사람을 써야 한다. (　　　)

7과 ④ 양은 '작다'라고 하고, 크기는 '적다'라고 표현한다. (　　　)

10과 ⑤ 은하수는 '미리내'라고도 한다. (　　　)

3 <보기>에서 알맞은 낱말을 골라 빈칸에 쓰세요.

보기

사과　　그늘　　공익　　뿌듯　　공감　　우정

2과 ① 다른 사람의 마음이나 생각에 나도 그렇다고 느끼는 것이 [　　　]이다.

3과 ② 누군가에게 잘못했을 때는 꼭 [　　　]해야 한다.

5과 ③ 아빠와 나는 시원한 나무 [　　　] 아래에서 잠시 쉬었다.

8과 ④ 사람들에게 바른 행동이나 생각을 알려주는 광고는 [　　　]광고이다.

9과 ⑤ 봉사활동을 하고 나니 힘들었지만 마음은 [　　　]하다.

2장

수학

3주차 1일

11

독도의 수를 찾아서

수학 2학년 2학기 | 1. 네 자리 수

- 총 어절 수 73개
- 권장 읽기 시간 45초

아래 글을 소리 내어 읽고, 걸린 시간을 아래 빈칸에 써 보세요.

독도는 대한민국의 동쪽 바다, 동해에 있는 작은 섬입니다. 1982년에 우리나라 제336호 천연기념물로 지정되었습니다. 지수는 독도에 대해 더 자세히 알아보기로 하고 독도와 관련된 누리집과 책을 찾아보았습니다.

2020년 기준 독도에 살고 있는 생물이 2046종이나 된다는 것을 알 수 있었습니다. 지수가 궁금해 했던 강치는 1996년에 멸종이 발표되었다는 슬픈 소식도 접했습니다. 그리고 날씨와 바다 상황이 좋으면, 한 번에 470명까지 여객선을 이용해서 독도를 방문할 수 있다는 사실을 알고 깜짝 놀랐습니다. 지수는 독도에 꼭 한번 가보고 싶다는 생각을 했습니다.

걸린 시간  분  초

낱말을 익혀요

본문에 수록된 주요 낱말들의 뜻을 익혀요.

1 천연기념물

뜻 자연 가운데 매우 중요하고 특수하여 법으로 정하여 보호하는 것

예문 우리 마을 앞에 있는 400년 된 은행나무가 천연기념물로 지정되었다.

2 종

뜻 종류를 세는 단위

예문 그 아이스크림 가게에는 40종이 넘는 다양한 맛이 있다.

3 멸종

뜻 생물의 한 종류가 지구에서 완전히 없어짐

예문 우리나라의 호랑이는 멸종된 것으로 알려져 있다.

1단계
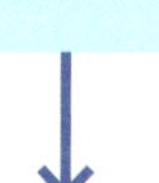
올바른 발음을 익혀요.

발음이 어렵거나 헷갈리는 낱말들을 정확하게 읽어요.

① 독도 [독또]
② 천연기념물 [처년기념물]
③ 멸종 [멸쫑]
④ 좋으면 [조으면]
⑤ 여객선 [여객썬]
⑥ 싶다는 [십따는]

2단계
듣고 따라 읽어요.

QR코드에서 들려주는 선생님의 음성을 들으며 읽는 연습을 해요.

1 정확하게 따라 읽어요. 

2 속도에 맞춰 따라 읽어요. 

3 자연스럽게 따라 읽어요. 

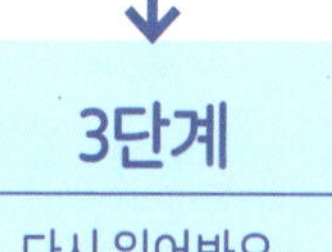
3단계
다시 읽어봐요.

다시 소리 내어 읽고, 걸린 시간을 아래 빈칸에 써 보세요.

걸린 시간  분  초 

내용을 확인해요

본문에서 읽었던 내용을 떠올리며 아래 문제를 풀어봐요.

정답 ▶ 158쪽

1 본문에서 세 자리 수와 네 자리 수를 모두 찾아 쓰세요.

세 자리 수	네 자리 수

2 <보기>의 두 수를 바르게 읽은 것으로 짝지어진 것을 고르세요.

보기 2020 – 2046

① 이천이십 – 이백사십육
② 이천이십 – 이천사십육
③ 이천영이십영 – 이천사십육
④ 이천영이십영 – 이천영사십육

3주차 2일

12

수의 자릿값

수학 2학년 2학기 | 1. 네 자리 수

- 총 어절 수 72개
- 권장 읽기 시간 45초

아래 글을 소리 내어 읽고, 걸린 시간을 아래 빈칸에 써 보세요.

언니는 수민이에게 3, 5, 7, 9가 적힌 네 개의 숫자카드를 주고 말했습니다.

"카드를 모두 써서 네 자리 수를 만들고 읽어볼래?"

수민이는 차례대로 카드를 놓고 '삼오칠구'라고 읽었습니다.

"네 자리 수는 각각 자릿값이 있어서 삼천오백칠십구라고 읽어야 해. 제일 앞에 있는 3은 천의 자리라서 천이 셋인 삼천을 나타내고, 5는 백의 자리로 백이 다섯이라 오백이야. 7은 십의 자리라서 십이 일곱이라 칠십, 9는 일의 자리니까 일이 아홉으로 구라고 읽는 거야."

"삼천오백칠십구!"

"그렇지!"

칭찬을 받은 수민이가 해맑게 웃었습니다.

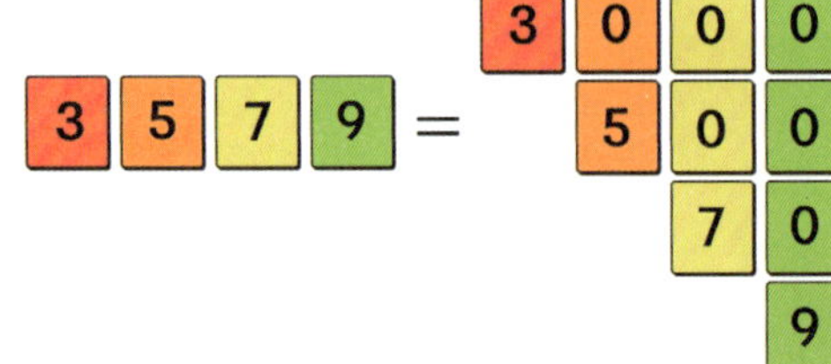

$$3579 = 3000 + 500 + 70 + 9$$

걸린 시간 ( )분 ( )초

낱말을 익혀요

본문에 수록된 주요 낱말들의 뜻을 익혀요.

① 각각

뜻 여럿을 하나씩 떼어 놓은 하나하나의 것

예문 우리 반 친구들 각각의 의견이 다르다.

② 자릿값

뜻 숫자가 위치하고 있는 자리에 따라 정해지는 값

예문 같은 수라도 위치하는 자리에 따라 자릿값이 달라진다.

③ 해맑다

뜻 사람의 모습이나 자연 환경 등이 티 없이 깨끗하다

예문 신이 난 아이들이 해맑은 표정을 지었다.

단계별로 연습하기

1단계
올바른 발음을 익혀요.

발음이 어렵거나 헷갈리는 낱말들을 정확하게 읽어요.

① 적힌 [저킨] ② 읽어볼래 [일거볼래]
③ 놓고 [노코] ④ 각각 [각깍]
⑤ 자릿값이 [자리깝씨/자린깝씨] ⑥ 해맑게 [해말께]

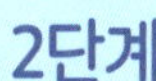

2단계
듣고 따라 읽어요.

QR코드에서 들려주는 선생님의 음성을 들으며 읽는 연습을 해요.

1 정확하게 따라 읽어요. 

2 속도에 맞춰 따라 읽어요. 

3 자연스럽게 따라 읽어요. 

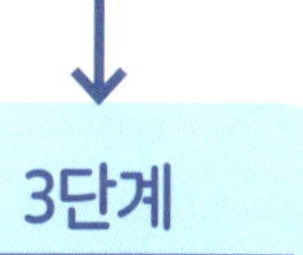

3단계
다시 읽어봐요.

다시 소리 내어 읽고, 걸린 시간을 아래 빈칸에 써 보세요.

걸린 시간  분  초

내용을 확인해요

본문에서 읽었던 내용을 떠올리며 아래 문제를 풀어봐요. 정답 ▶ 158쪽

1 네 자리수 6945로 괄호 안에 알맞은 수를 써넣으세요.

천의 자리	(　　)의 자리	십의 자리	일의 자리
(　　)	9	(　　)	(　　)
6000	(　　)	(　　)	5

2 수 카드를 한 번씩만 사용하여 백의 자리 숫자가 600을 나타내는 네 자리 수를 2개 만들어 쓰세요.

0 3 6 8

(　　　　　　　　), (　　　　　　　　)

3주차 3일

13

수학 2학년 2학기 | 2. 곱셈구구

0과 어떤 수의 곱

- 총 어절 수 77개
- 권장 읽기 시간 45초

아래 글을 소리 내어 읽고, 걸린 시간을 아래 빈칸에 써 보세요.

"엄마, 학교에서 곱셈을 배우는데 0도 곱셈이 되나요?"

간식을 먹던 서아는 문득 궁금했습니다.

"서아 생각에 0을 곱하면 어떻게 될 것 같니?" "글쎄요. 잘 모르겠어요."

"그럼 과녁에 공 맞히기 게임을 생각해 볼까? 공을 3점 과녁에 맞히면 몇 점이 되지?"

"3점이죠."

"3점 과녁에 세 번 맞히면?" "3 곱하기 3은 9니까 9점!"

"그렇지. 그런데 과녁 밖에 공을 맞히면 몇 점일까?"

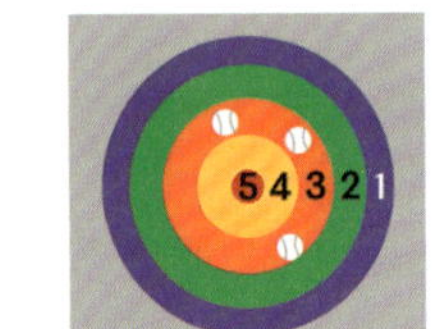

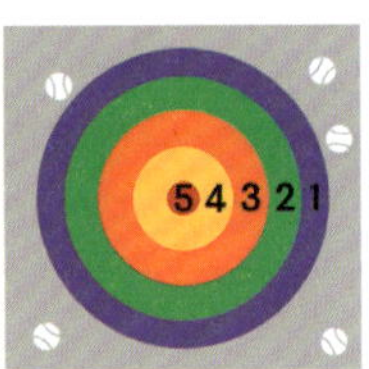

"0점이죠."

㉠ <u>"과녁 밖에 다섯 번을 맞히면?"</u>

"그래도 0점이지요."

"0점에 세 번, 다섯 번을 맞혀도 점수는 없지? 그걸 곱셈식으로 생각해 볼까?"

"아하!"

걸린 시간  분  초 

낱말을 익혀요

본문에 수록된 주요 낱말들의 뜻을 익혀요.

❶ 문득

뜻 생각이나 느낌이 갑자기 떠오르는 모양

예문 나는 전학 간 친구의 소식이 문득 궁금해졌다.

❷ 궁금하다

뜻 무엇이 무척 알고 싶다

예문 엄마는 내 시험 점수를 궁금해 하셨다.

❸ 과녁

뜻 주로 총이나 활 등을 쏠 때 표적으로 세우는 것

예문 양궁 선수들은 과녁을 향해 활을 쏘았다.

단계별로 연습하기

1단계
올바른 발음을 익혀요.

발음이 어렵거나 헷갈리는 낱말들을 정확하게 읽어요.

① 곱셈 [곱쎔] ② 먹던 [먹떤]
③ 맞히기 [마치기] ④ 곱하기 [고파기]
⑤ 그렇지 [그러치] ⑥ 0점 [영쩜]

2단계
듣고 따라 읽어요.

QR코드에서 들려주는 선생님의 음성을 들으며 읽는 연습을 해요.

1 정확하게 따라 읽어요. 
2 속도에 맞춰 따라 읽어요. 
3 자연스럽게 따라 읽어요. 

3단계
다시 읽어봐요.

다시 소리 내어 읽고, 걸린 시간을 아래 빈칸에 써 보세요.

걸린 시간  분  초 

내용을 확인해요

본문에서 읽었던 내용을 떠올리며 아래 문제를 풀어봐요.

정답 ▶ 158쪽

❶ 다음 그림을 보고, 서아가 얻은 점수는 몇 점인지 쓰세요.

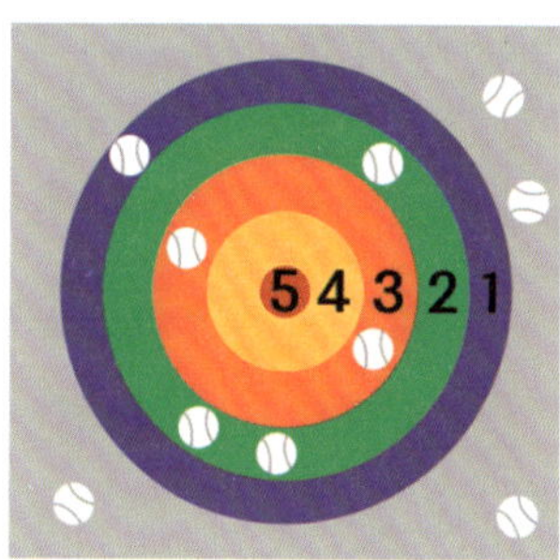

(　　　　) 점

❷ 본문의 ㉠을 곱셈식으로 나타내고 답을 구하세요.

식: ________________________　　답: __________점

3주차 4일

14

길이의 역사

수학 2학년 2학기 | 3. 길이 재기

- 총 어절 수 76개
- 권장 읽기 시간 45초

아래 글을 소리 내어 읽고, 걸린 시간을 아래 빈칸에 써 보세요.

센티미터(cm)와 미터(m)는 우리가 길이를 잴 때 사용하는 단위입니다. 미터는 길이를 재는 기본 단위이고, 1미터는 100센티미터입니다.

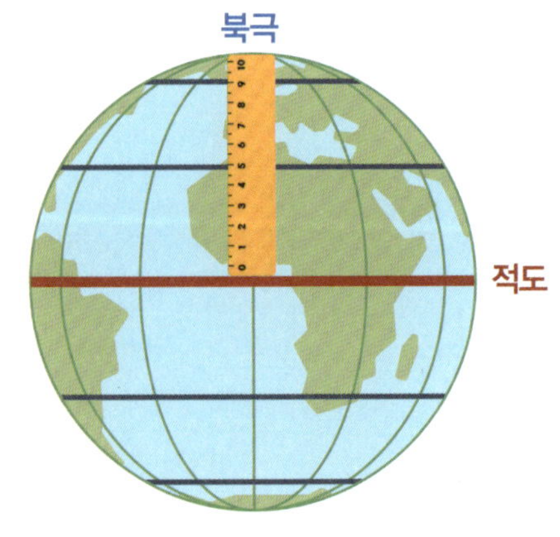

옛날에는 나라마다 길이를 재는 방법이 달랐습니다. 어떤 나라는 왕의 팔 길이나 발 길이를 기준으로 삼을 정도로 기준이 없어서 혼란스러웠습니다. 그래서 1700년대 후반, 프랑스에서는 전 세계가 함께 사용할 수 있는 공통된 단위를 연구했습니다. 지구의 크기를 기준으로 삼아, 북극에서 적도까지 거리를 정확히 재고, 그것의 1천만 분의 1을 1미터로 정했습니다. 프랑스는 최초로 미터를 공식 단위로 사용하기 시작했고, 지금은 대부분의 나라에서 미터와 센티미터를 사용하고 있습니다.

걸린 시간 ( ) 분 ( ) 초

낱말을 익혀요

본문에 수록된 주요 낱말들의 뜻을 익혀요.

1 단위

- 뜻: 미터, 그램과 같이 길이, 무게 등을 수로 나타낼 때 기초가 되는 기준
- 예문: 미국은 신발의 크기를 표시하는 단위가 우리나라와 다르다.

2 적도

- 뜻: 지구의 중심을 지나는 자전축에 수직인 평면과 지표가 교차되는 선
- 예문: 적도를 중심으로 북쪽과 남쪽에 있는 나라들의 계절이 서로 다르다.

3 공식

- 뜻: 국가나 사회가 인정한 공적인 방식
- 예문: 다음 주 월요일을 임시공휴일로 지정한다는 공식 발표가 있었다.

단계별로 연습하기

1단계
올바른 발음을 익혀요.

발음이 어렵거나 헷갈리는 낱말들을 정확하게 읽어요.

① 길이 [기리] ② 단위 [다뉘]
③ 혼란 [홀란] ④ 북극 [북끅]
⑤ 적도 [적또] ⑥ 정확히 [정화키]

2단계
듣고 따라 읽어요.

QR코드에서 들려주는 선생님의 음성을 들으며 읽는 연습을 해요.

1 정확하게 따라 읽어요.
2 속도에 맞춰 따라 읽어요.
3 자연스럽게 따라 읽어요.

3단계
다시 읽어봐요.

다시 소리 내어 읽고, 걸린 시간을 아래 빈칸에 써 보세요.

걸린 시간 ( ) 분 ( ) 초

내용을 확인해요

본문에서 읽었던 내용을 떠올리며 아래 문제를 풀어봐요.

정답 ▶ 158쪽

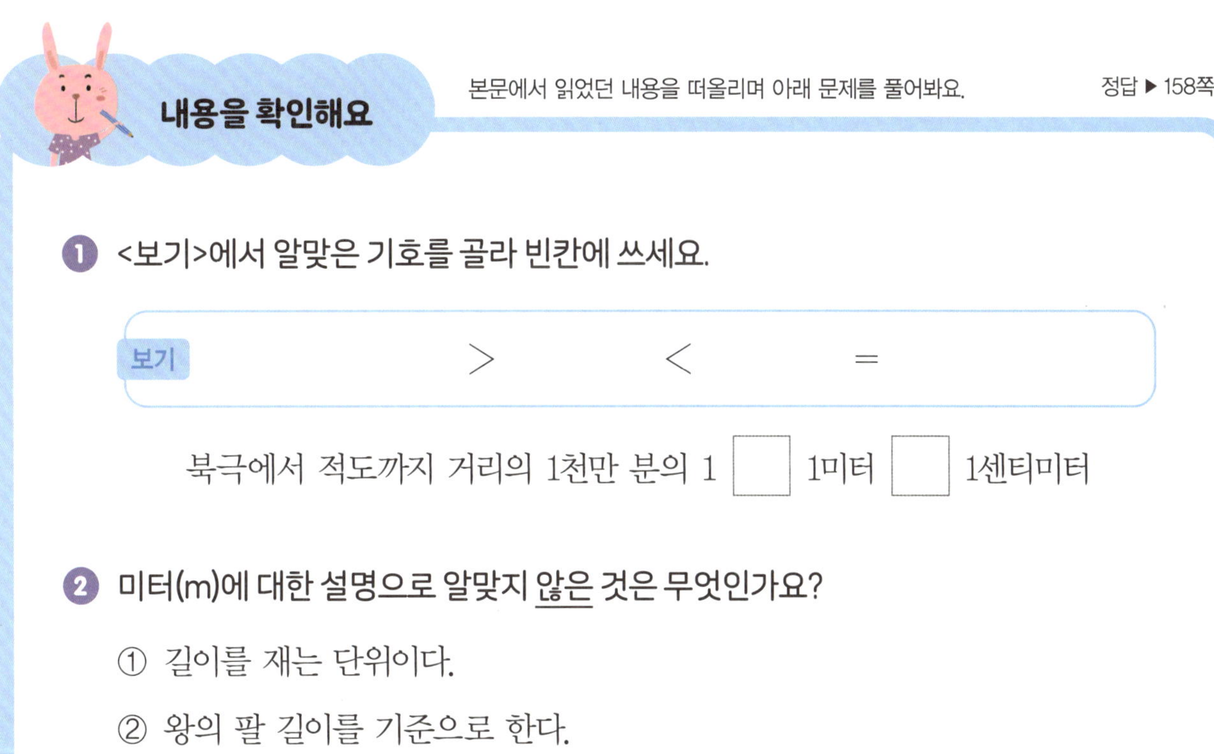

❶ <보기>에서 알맞은 기호를 골라 빈칸에 쓰세요.

보기: > < =

북극에서 적도까지 거리의 1천만 분의 1 ☐ 1미터 ☐ 1센티미터

❷ 미터(m)에 대한 설명으로 알맞지 않은 것은 무엇인가요?

① 길이를 재는 단위이다.
② 왕의 팔 길이를 기준으로 한다.
③ 프랑스에서 처음 사용하기 시작했다.

3주차 5일

15 곧은자와 줄자

수학 2학년 2학기 | 3. 길이 재기

- 총 어절 수 73개
- 권장 읽기 시간 45초

아래 글을 소리 내어 읽고, 걸린 시간을 아래 빈칸에 써 보세요.

자는 물건의 길이를 잴 때 유용한 도구입니다.

곧은자는 일자로 똑바로 생겨서 짧고 곧은 길이를 잴 때 좋습니다. 줄자는 곧은자처럼 딱딱하지 않고, 말렸다가 쭉 펴지는 띠 모양으로 되어 있습니다. 사람의 키나 방의 크기를 잴 때, 옷을 만들 때처럼 길거나 휘어진 것을 잴 때 편리합니다. 줄자는 돌돌 잘 말려서 공간을 작게 차지하고, 구부러지는 곳도 쉽게 잴 수 있습니다.

건축가는 집을 설계할 때 곧은자로 똑바른 선을 그리고, 옷 디자이너는 줄자로 사람 몸의 길이를 재서 옷을 만듭니다.

걸린 시간  분  초 

낱말을 익혀요

본문에 수록된 주요 낱말들의 뜻을 익혀요.

❶ **유용하다**

뜻 쓸모가 있다

예문 색연필은 그림을 그리거나 채점할 때, 중요 표시를 할 때 유용하다.

❷ **곧다**

뜻 길, 선, 자세 등이 휘지 않고 똑바르다

예문 곧게 뻗은 길 양옆으로 은행나무가 있다.

❸ **말리다**

뜻 얇고 넓은 물건에 돌돌 감겨 싸이다

예문 영수는 내게 돌돌 말린 종이 한 장을 주었다.

단계별로 연습하기

1단계
올바른 발음을 익혀요.

발음이 어렵거나 헷갈리는 낱말들을 정확하게 읽어요.

① 곧은자 [고든자]
② 일자로 [일짜로]
③ 똑바로 [똑빠로]
④ 딱딱하지 [딱따카지]
⑤ 말렸다가 [말렫따가]
⑥ 건축가 [건축까]

2단계
듣고 따라 읽어요.

QR코드에서 들려주는 선생님의 음성을 들으며 읽는 연습을 해요.

1 정확하게 따라 읽어요.

2 속도에 맞춰 따라 읽어요.

3 자연스럽게 따라 읽어요.

3단계
다시 읽어봐요.

다시 소리 내어 읽고, 걸린 시간을 아래 빈칸에 써 보세요.

걸린 시간  분  초

내용을 확인해요

본문에서 읽었던 내용을 떠올리며 아래 문제를 풀어봐요.

정답 ▶ 158쪽

1 각 자를 사용하기에 알맞은 것을 연결세요. (2개 이상 연결 가능)

① 곧은자 •
② 줄자 •

• ㉠ 방의 크기
• ㉡ 교과서 세로 길이
• ㉢ 사람 몸의 길이
• ㉣ 10cm 직선 긋기

2 본문의 밑줄 친 부분과 같은 뜻으로 쓰인 낱말을 골라 ( ) 안에 O 하세요.

① 의사선생님께서는 손목에 <u>말려</u> 있는 붕대를 풀어주셨다. (   )
② 엄마는 물에 젖은 책을 잘 <u>말려</u> 가방에 넣어주셨다. (   )

4주차 1일

16 그제와 모레

수학 2학년 2학기 | 4. 시각과 시간

- 총 어절 수 73개
- 권장 읽기 시간 45초

아래 글을 소리 내어 읽고, 걸린 시간을 아래 빈칸에 써 보세요.
(부분은 소리 내어 읽지 않습니다.)

2025년 10월 15일 수요일

〈너무나 바쁜 나의 하루하루〉

엊그제부터 나는 뭔가 바쁘다. 학교와 학원 숙제도 많고, 준비할 것도 많다. 그제는 학교에서 친구랑 국어 발표 준비를 했고, 어제는 그림도 그려서 마무리했다.

오늘은 준비한 발표를 하는 날이었다. 처음엔 떨렸지만, 막상 시작하니 눈 깜짝할 사이에 끝났다. 선생님께서 바른 자세로 잘했다고 칭찬해 주셨다.

내일은 운동회 연습이 있다.

모레는 친구랑 도서관에 가기로 했고, 글피에는 가족끼리 가까운 산에 단풍을 보러 가기로 했다.

하루하루가 바쁘지만, 재미있는 일도 많아서 좋다. 이렇게 매일매일 알차게 보내면 시간이 훌쩍 지나갈 것 같다.

걸린 시간 ( )분 ( )초

낱말을 익혀요

본문에 수록된 주요 낱말들의 뜻을 익혀요.

1 엊그제
- 뜻: 이삼일 전 또는 바로 며칠 전
- 예문: 사촌 동생은 엊그제 밤에 기차를 타고 고향으로 돌아갔다.

2 그제
- 뜻: 어제의 전날
- 예문: 그제는 비가 왔지만, 어제부터 날이 개기 시작했다.

3 모레
- 뜻: 내일의 다음 날
- 예문: 오늘이 목요일이니 모레는 토요일이다.

4 글피
- 뜻: 오늘을 기준으로 사흘 뒤에 오는 날 또는 모레의 다음 날
- 예문: 내일은 소풍, 모레는 개교기념일, 글피는 공휴일이어서 신난다.

단계별로 연습하기

1단계

올바른 발음을 익혀요.

발음이 어렵거나 헷갈리는 낱말들을 정확하게 읽어요.

① 엊그제 [얻끄제] ② 처음엔 [처으멘]
③ 떨렸지만 [떨렫찌만] ④ 막상 [막쌍]
⑤ 깜짝할 [깜짜칼] ⑥ 끝났다 [끈낟따]

2단계

듣고 따라 읽어요.

QR코드에서 들려주는 선생님의 음성을 들으며 읽는 연습을 해요.

1 정확하게 따라 읽어요. 

2 속도에 맞춰 따라 읽어요. 

3 자연스럽게 따라 읽어요. 

3단계

다시 읽어봐요.

다시 소리 내어 읽고, 걸린 시간을 아래 빈칸에 써 보세요.

걸린 시간  분  초

내용을 확인해요

본문에서 읽었던 내용을 떠올리며 아래 문제를 풀어봐요.

정답 ▶ 158쪽

1 글쓴이가 아직 하지 않은 일은 무엇인가요?

① 국어 발표 준비 ② 그림 그리기
③ 발표하기 ④ 운동회 연습

2 본문에서 일기를 쓴 날은 10월 15일입니다. 다음에 해당하는 날짜를 쓰세요.

① 그제 – 10월 (   )일
② 오늘 – 10월 (   )일
③ 모레 – 10월 (   )일

4주차 2일

17

입장하실 수 없습니다

수학 2학년 2학기 | 4. 시각과 시간

- 총 어절 수 76개
- 권장 읽기 시간 45초

아래 글을 소리 내어 읽고, 걸린 시간을 아래 빈칸에 써 보세요.

세미는 나은이와 어린이 뮤지컬을 보러 가기로 했습니다. 좋아하는 만화 캐릭터를 만날 수 있어서 설렜습니다. 집에서 가까운 공연장이라 그 앞에서 나은이와 만나기로 했습니다.

"집에서 공연장까지 5분, 공연 시각이 3시 15분이니까 3시 5분에 나가도 충분하겠다."

세미가 여유를 부리며 도착하니 3시 10분이 조금 지나 있었습니다. 그런데 나은이가 울상을 짓고 있었습니다.

"왜 이렇게 늦었어? 시작시간이 지나서 1막 공연이 끝나야 입장할 수 있대."

"3시 15분에 시작하는 거 아니야?"

"공연이 3시에 시작하니까 3시 15분 전에 만나자고 했는데?"

세미는 속상하고 미안해서 울고 싶었습니다.

걸린 시간 분 초

낱말을 익혀요

본문에 수록된 주요 낱말들의 뜻을 익혀요.

❶ 설레다

뜻 마음이 차분하지 않고 들떠서 두근거리다

예문 내일 체육대회를 할 생각에 설레서 잠이 오지 않았다.

❷ 여유

뜻 느긋하고 너그러운 마음의 상태

예문 오빠는 내일이 시험인데도 여유를 부리고 있다.

❸ 울상

뜻 울려고 하는 얼굴 표정

예문 넘어진 아이는 울상을 지었다.

단계별로 연습하기

1단계
올바른 발음을 익혀요.

발음이 어렵거나 헷갈리는 낱말들을 정확하게 읽어요.

① 앞에서 [아페서] ② 도착하니 [도차카니]
③ 울상 [울쌍] ④ 입장 [입짱]
⑤ 시작하는 [시자카는] ⑥ 했는데 [핸는데]

2단계
듣고 따라 읽어요.

QR코드에서 들려주는 선생님의 음성을 들으며 읽는 연습을 해요.

1 정확하게 따라 읽어요.
2 속도에 맞춰 따라 읽어요.
3 자연스럽게 따라 읽어요.

3단계
다시 읽어봐요.

다시 소리 내어 읽고, 걸린 시간을 아래 빈칸에 써 보세요.

걸린 시간 ( ) 분 ( ) 초

내용을 확인해요

본문에서 읽었던 내용을 떠올리며 아래 문제를 풀어봐요.

정답 ▶ 158쪽

1 세미와 나은이가 만나기로 한 시각을 모두 고르세요.

① 3시 ② 2시 45분
③ 3시 15분 ④ 3시 15분 전

2 다음을 읽고, 맞으면 ○, 틀리면 × 하세요.

① 뮤지컬에는 세미가 좋아하는 만화 캐릭터가 등장한다. ( )
② 세미네 집에서 공연장까지 가려면 시간이 오래 걸린다. ( )
③ 세미는 공연 시작 시간이 지나서 공연장 앞에 도착했다. ( )
④ 세미와 나은이는 오늘 뮤지컬 공연장에 시간 맞춰 입장했다. ( )

4주차 3일

18

수학 2학년 2학기 | 4. 시각과 시간

1년은 모두 몇 개월일까?

- 총 어절 수 75개
- 권장 읽기 시간 45초

아래 글을 소리 내어 읽고, 걸린 시간을 아래 빈칸에 써 보세요.

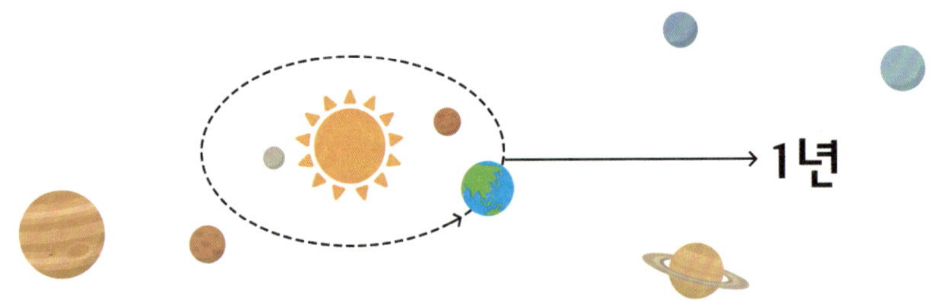

1년은 지구가 태양 주위를 한 바퀴 도는 데 걸리는 시간입니다. 한 달은 보름달과 다음 보름달 사이의 시간이지요. 1년은 12개월, 날수로는 365일입니다.

고유어인 '달'은 앞에 하나, 둘, 셋과 같은 순우리말 수로 말하고, 한자어인 '개월'은 일, 이, 삼처럼 한자 수와 함께 씁니다. 예를 들어 한 달, 두 달, 일 개월, 이 개월로 읽습니다. 일 달, 두 개월과 같은 표현은 쓰지 않는답니다.

한자어인 '년'은 한자 수와 함께 일 년, 이 년으로, 우리말인 '해'는 한 해, 두 해로 나타냅니다.

걸린 시간   분  초

낱말을 익혀요

본문에 수록된 주요 낱말들의 뜻을 익혀요.

① 보름달

뜻 음력 15일 밤에 뜨는 둥근 달

예문 우리 가족은 추석날 보름달을 보며 소원을 빌었습니다.

② 날수

뜻 날의 수

예문 2월의 날수는 28일 또는 29일입니다.

③ 고유어

뜻 외국에서 들어온 말이 아닌, 한 민족이 본래부터 가지고 있는 말

예문 고유어는 토박이말과 비슷한 말입니다.

1단계

올바른 발음을 익혀요.

발음이 어렵거나 헷갈리는 낱말들을 정확하게 읽어요.

① 보름달 [보름딸] ② 날수 [날쑤]
③ 셋과 [섿꽈] ④ 한자어 [한짜어]
⑤ 읽습니다 [익씀니다] ⑥ 같은 [가튼]

2단계

듣고 따라 읽어요.

QR코드에서 들려주는 선생님의 음성을 들으며 읽는 연습을 해요.

1 정확하게 따라 읽어요.

2 속도에 맞춰 따라 읽어요.

3 자연스럽게 따라 읽어요.

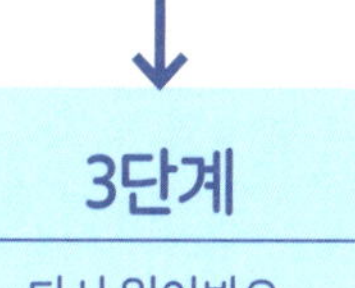

3단계

다시 읽어봐요.

다시 소리 내어 읽고, 걸린 시간을 아래 빈칸에 써 보세요.

걸린 시간  분  초

본문에서 읽었던 내용을 떠올리며 아래 문제를 풀어봐요.

정답 ▶ 158쪽

1 빈칸에 알맞은 수를 써 넣으세요.

1년 = (   )개월 = (   )일

2 본문의 내용과 일치하지 않는 것은 무엇인가요?

① 1년은 보름달과 다음 보름달 사이의 시간이다.
② '달'은 순우리말이다.
③ '개월'과 '년'은 한자어이다.
④ 순우리말 수와 한자 수를 구분해서 사용한다.

4주차 4일

19

수학 2학년 2학기 | 6. 규칙 찾기

규칙이 있는 전통 놀이

- 총 어절 수 77개
- 권장 읽기 시간 45초

아래 글을 소리 내어 읽고, 걸린 시간을 아래 빈칸에 써 보세요.

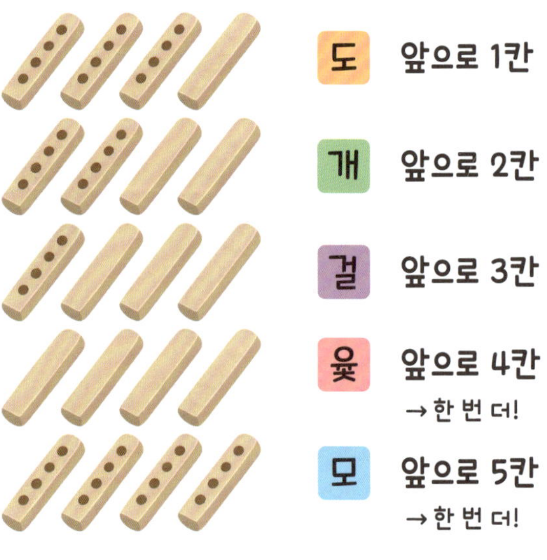

윷놀이는 반쪽이 평평하고 반쪽은 둥근 네 개의 윷가락으로 하는 전통 놀이입니다. 윷가락을 던져서 네 개가 다 엎어지면 '모', 네 개가 다 젖혀지면 '윷', 두 개가 엎어지고 두 개가 젖혀지면 '개', 한 개가 엎어지고 세 개가 젖혀지면 '걸', 한 개가 젖혀지고 세 개가 엎어지면 '도'라고 합니다. 도, 개, 걸, 윷, 모 순서에 따라 각각 말을 한 칸부터 다섯 칸까지 움직이는 규칙이 있습니다. 윷이나 모가 나오면 한 번 더 던질 수 있고, 모든 말을 먼저 도착점에 보내는 팀이 이깁니다.

걸린 시간  분  초

낱말을 익혀요

본문에 수록된 주요 낱말들의 뜻을 익혀요.

1 평평하다

뜻 바닥이 고르고 넓게 퍼져 있다

예문 평평하고 경사가 낮은 산길은 사람들이 산책로로 이용하기 좋다.

2 엎어지다

뜻 앞으로 넘어지다

예문 쓰레기통이 엎어지는 바람에 복도가 엉망이 되었다.

3 젖혀지다

뜻 물건의 안쪽이나 아래쪽이 겉으로 드러나게 되다

예문 주전자 뚜껑이 젖혀져 있었다.

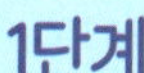

1단계

올바른 발음을 익혀요.

발음이 어렵거나 헷갈리는 낱말들을 정확하게 읽어요.

① 윷놀이 [윤노리] ② 윷가락 [윧까락]
③ 엎어지면 [어퍼지면] ④ 젖혀지면 [저처지면]
⑤ 윷이나 [유치나] ⑥ 도착점 [도착쩜]

2단계

듣고 따라 읽어요.

QR코드에서 들려주는 선생님의 음성을 들으며 읽는 연습을 해요.

1 정확하게 따라 읽어요.

2 속도에 맞춰 따라 읽어요.

3 자연스럽게 따라 읽어요.

3단계

다시 읽어봐요.

다시 소리 내어 읽고, 걸린 시간을 아래 빈칸에 써 보세요.

걸린 시간   분  초

내용을 확인해요

본문에서 읽었던 내용을 떠올리며 아래 문제를 풀어봐요.

정답 ▶ 158쪽

1 윷놀이에 대한 설명으로 알맞지 않은 것은 무엇인가요?

① 윷가락은 모두 네 개다. ② 우리나라 전통 놀이이다.
③ 네 개가 다 엎어지면 '윷'이다. ④ 모든 말을 먼저 도착점에 보내면 이긴다.

2 <보기>에서 알맞은 낱말을 골라 빈칸에 쓰세요.

보기	엎어진	평평한	젖혀진

① 자동차가 (   ) 도로를 달리고 있다.

② 바람에 (   ) 모자를 간신히 잡았다.

4주차 5일

20 내가 실천한 바른 식습관

수학 2학년 2학기 | • 수학이랑 함께 해요

- 총 어절 수 72개
- 권장 읽기 시간 45초

아래 글을 소리 내어 읽고, 걸린 시간을 아래 빈칸에 써 보세요.

안녕, 나는 승호야.

내가 실천한 바른 식습관을 소개할게.

나는 규칙적으로 아침을 먹기로 약속했어. 대충 넘기고 싶은 날도 있었지만, 나와의 약속을 지키려고 노력했어. 한 번 먹을 때마다 7점씩 줬고, 일주일 동안 매일 먹었어. 7을 일곱 번 더하면 49지. 그리고 7단 곱셈구구로 계산하면 $7 \times 7 = 49$니까 지금까지 내 점수는 49점이야. 매일 규칙적으로 아침을 먹었더니 점심시간까지 수업 집중도 잘 되고 훨씬 건강해진 느낌이야. 앞으로도 꾸준히 지켜볼 생각이야. 너희도 나처럼 바른 식습관 약속을 정하고 노력해 보면 좋겠어. 안녕!

걸린 시간 ( )분 ( )초

낱말을 익혀요

본문에 수록된 주요 낱말들의 뜻을 익혀요.

1 식습관

뜻 음식을 먹는 것과 관련된 습관

예문 식사 예절과 식습관은 나라마다 다르다.

2 집중

뜻 한 가지 일에 모든 힘을 쏟아부음

예문 내 짝은 수업 시간에 집중을 잘한다.

3 꾸준히

뜻 거의 변함이 없이 한결같이

예문 아빠는 건강을 위해 꾸준히 운동을 하신다.

1단계
올바른 발음을 익혀요.

발음이 어렵거나 헷갈리는 낱말들을 정확하게 읽어요.

① 식습관 [식씁꽌] ② 규칙적으로 [규칙쩌그로]
③ 먹기로 [먹끼로] ④ 약속했어 [약쏘캐써]
⑤ 싫은 [시른] ⑥ 집중 [집쭝]

2단계
듣고 따라 읽어요.

QR코드에서 들려주는 선생님의 음성을 들으며 읽는 연습을 해요.

1 정확하게 따라 읽어요. 

2 속도에 맞춰 따라 읽어요. 

3 자연스럽게 따라 읽어요. 

3단계
다시 읽어봐요.

다시 소리 내어 읽고, 걸린 시간을 아래 빈칸에 써 보세요.

걸린 시간  분  초 

내용을 확인해요

본문에서 읽었던 내용을 떠올리며 아래 문제를 풀어봐요. 정답 ▶ 158쪽

❶ <보기>의 내용을 덧셈식으로 쓰세요.

보기 7을 일곱 번 더하면 49지.

식: ______________________

❷ <예>를 참고하여 내가 지키고 있거나 지키고 싶은 바른 식습관을 한 가지 쓰세요.

예 음식을 먹기 전에 손 씻기

____

2장 <수학> 마무리 활동

정답 ▶ 158쪽

1 2장에서 배운 내용을 생각하며, 아래의 낱말을 정확하게 읽어봐요.

① 독도	② 천연기념물
③ 여객선	④ 각각
⑤ 자릿값이	⑥ 해맑게
⑦ 곱셈	⑧ 먹던
⑨ 0점	⑩ 단위
⑪ 혼란	⑫ 정확히
⑬ 똑바로	⑭ 딱딱하지
⑮ 건축가	⑯ 엊그제
⑰ 막상	⑱ 깜짝할
⑲ 도착하니	⑳ 울상
㉑ 입장	㉒ 보름달
㉓ 한자어	㉔ 읽습니다
㉕ 윷놀이	㉖ 윷가락
㉗ 젖혀지면	㉘ 식습관
㉙ 먹기로	㉚ 집중

2 다음을 읽고, 맞으면 ○, 틀리면 × 하세요.

11과 ① 독도는 우리나라 천연기념물로 지정되었다. (　　)

12과 ② 네 자리 수 8729에서 백의 자리 수는 7이다. (　　)

13과 ③ 0과 어떤 수를 곱하면 항상 0이 된다. (　　)

14과 ④ 1m는 1000cm이다. (　　)

15과 ⑤ 곧은자는 길거나 휘어진 것을 잴 때 편리하다. (　　)

3 <보기>에서 알맞은 낱말을 골라 빈칸에 쓰세요.

보기

달　　모레　　전　　전통　　꾸준히　　태양

16과 ① 오늘이 월요일이니 [　　] 은/는 수요일이다.

17과 ② 2시 50분은 3시 10분 [　　] (으)로도 말할 수 있다.

18과 ③ 1년은 지구가 [　　] 주위를 한 바퀴 도는 데 걸리는 시간이다.

19과 ④ 윷놀이는 네 개의 윷가락으로 하는 [　　] 놀이이다.

20과 ⑤ 일기를 [　　] 쓰면 글쓰기 능력이 좋아진다.

3장

통합 | 계절

21	잠꾸러기 친구들
22	너는 봄, 나는 가을
23	산이 옷을 갈아입었어요
24	가을을 알리는 잠자리
25	입춘대길(立春大吉)
26	24절기 노래 (1)
27	24절기 노래 (2)
28	제철 음식
29	미래를 전하는 사람들
30	봄나물의 참맛

5주차 1일

21

잠꾸러기 친구들

계절 2학년 2학기 | • 사계절 친구들

• 총 어절 수 76개
• 권장 읽기 시간 45초

아래 글을 소리 내어 읽고, 걸린 시간을 아래 빈칸에 써 보세요.

겨울에 날씨가 추워지고 먹이가 부족해져서 겨울잠을 자는 동물들이 있습니다. 이 동물들은 겨울이 오기 전에 몸속에 지방을 많이 저장하거나 먹이를 미리 모아 둡니다.

곰은 가을 동안 먹이를 많이 먹고 동굴에서 겨울을 보내는데, 중간에 일어나서 배설을 하거나 먹이를 먹기도 합니다. 개구리와 뱀은 땅속 깊이 들어가 얼어붙지 않도록 몸을 숨기고 겨울을 납니다. 고슴도치는 10월에서 이듬해 4월까지 동굴이나 나무 구멍, 땅속에서 잡니다.

겨울잠을 자면 심장 박동이 느려지고, 체온도 낮아져서 에너지를 아낄 수 있습니다. 오랫동안 먹지 않고도 살아남을 수 있는 이유랍니다.

걸린 시간 ( ) 분 ( ) 초

낱말을 익혀요

본문에 수록된 주요 낱말들의 뜻을 익혀요.

❶ 배설

뜻 생물체가 영양소를 섭취한 후 생긴 노폐물을 몸 밖으로 내보내는 일

예문 우리 몸의 노폐물과 수분은 땀으로 배설된다.

❷ 이듬해

뜻 어떤 일이 일어난 바로 다음 해

예문 가을에 심은 씨앗은 이듬해 봄에 싹을 틔울 것이다.

❸ 박동

뜻 맥박이 뜀

예문 의사 선생님은 청진기를 대고 내 심장 박동 소리를 들으셨다.

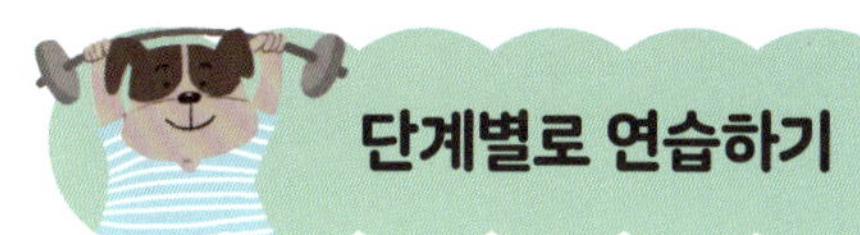

1단계
올바른 발음을 익혀요.

발음이 어렵거나 헷갈리는 낱말들을 정확하게 읽어요.

① 부족해져서 [부조캐저서]
② 겨울잠 [겨울짬]
③ 몸속에 [몸쏘게]
④ 땅속 [땅쏙]
⑤ 얼어붙지 [어러부찌]
⑥ 박동 [박똥]

2단계
듣고 따라 읽어요.

QR코드에서 들려주는 선생님의 음성을 들으며 읽는 연습을 해요.

1 정확하게 따라 읽어요. 

2 속도에 맞춰 따라 읽어요. 

3 자연스럽게 따라 읽어요. 

3단계
다시 읽어봐요.

다시 소리 내어 읽고, 걸린 시간을 아래 빈칸에 써 보세요.

걸린 시간  분  초

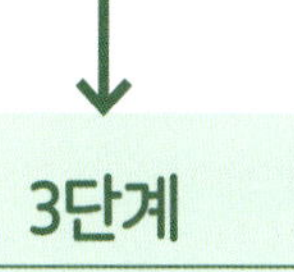

내용을 확인해요

본문에서 읽었던 내용을 떠올리며 아래 문제를 풀어봐요.

정답 ▶ 159쪽

1 겨울잠을 자는 동물에 모두 ○ 하세요.

고슴도치 사자 개구리 뱀 캥거루 곰

2 빈칸에 공통으로 들어갈 낱말을 본문에서 찾아 쓰세요.

- 내가 태어나고 ( ) 동생이 태어나서 우리는 1살 차이이다.
- 겨울잠을 자는 동물들은 겨울에 잠을 자고 ( ) 봄에 깨어난다.

5주차 2일

22

너는 봄, 나는 가을

계절 2학년 2학기 | • 계절이 속닥속닥

• 총 어절 수 62개
• 권장 읽기 시간 45초

아래 글을 소리 내어 읽고, 걸린 시간을 아래 빈칸에 써 보세요.
(제목은 소리 내어 읽지 않습니다.)

〈너는 봄, 나는 가을〉

알록달록 환한 빛깔
개나리, 벚꽃, 목련이
노랑, 분홍, 하양으로
세상을 환하게 물들이지.

부드러운 봄바람 타고
쏘옥 고개를 내밀면
나비랑 벌들이 찾아와
살랑살랑 춤을 추지.

울긋불긋 차분한 빛깔
코스모스, 국화, 해바라기가
붉은빛, 주황빛, 노란빛으로
조용히 피어나지.

무더운 여름 지나
서늘한 가을바람 맞으며
높고 푸른 하늘과 낙엽이
꽃들을 감싸지.

너는 봄, 나는 가을
우리는 다르지만, 모두 아름다워.
봄에는 네가, 가을에는 내가
세상을 아름답게 채우지.

걸린 시간  분  초 

낱말을 익혀요

본문에 수록된 주요 낱말들의 뜻을 익혀요.

① 빛깔

뜻 빛을 받아 나타나는 물체의 색

예문 할머니는 고운 빛깔의 한복을 입고 계셨다.

② 울긋불긋

뜻 진하고 연한 여러 가지 빛깔들이 한데 뒤섞여 있는 모양

예문 온 산이 단풍으로 울긋불긋 물들었다.

③ 서늘하다

뜻 온도가 조금 차거나 기온이 낮다

예문 밤이 되니 서늘한 바람이 불었다.

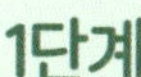

단계별로 연습하기

1단계

올바른 발음을 익혀요.

발음이 어렵거나 헷갈리는 낱말들을 정확하게 읽어요.

① 알록달록 [알록딸록]　② 봄바람 [봄빠람]
③ 찾아와 [차자와]　④ 국화 [구콰]
⑤ 붉은빛 [불근빋]　⑥ 주황빛 [주황삗]

2단계

듣고 따라 읽어요.

QR코드에서 들려주는 선생님의 음성을 들으며 읽는 연습을 해요.

1 정확하게 따라 읽어요. 

2 속도에 맞춰 따라 읽어요. 

3 자연스럽게 따라 읽어요. 

3단계

다시 읽어봐요.

다시 소리 내어 읽고, 걸린 시간을 아래 빈칸에 써 보세요.

걸린 시간  분  초

내용을 확인해요

본문에서 읽었던 내용을 떠올리며 아래 문제를 풀어봐요.

정답 ▶ 159쪽

1 꽃 이름과 그 꽃이 피는 계절을 바르게 연결하세요. (2개 이상 연결 가능)

① 봄 •　　• ㉠ 국화
　　　　　• ㉡ 벚꽃
② 가을 •　• ㉢ 코스모스
　　　　　• ㉣ 개나리

2 빈칸에 알맞은 낱말을 본문에서 찾아 쓰세요.

주황빛, 보랏빛, 붉은빛처럼 빛을 받아 나타나는 물체의 색을  (이)라고 한다.

5주차 3일

23

산이 옷을 갈아입었어요

계절 2학년 2학기 | • 꼼지락꼼지락

- 총 어절 수 72개
- 권장 읽기 시간 45초

아래 글을 소리 내어 읽고, 걸린 시간을 아래 빈칸에 써 보세요.

우리 눈에는 나뭇잎이 초록색으로 보이지만, 나뭇잎에는 여러 가지 색소가 들어 있습니다. 나뭇잎에는 엽록소라는 초록색 물질이 있는데, 햇빛을 받아서 나무가 영양분을 만들도록 도와줍니다. 나무는 햇빛이 많은 봄과 여름에 무럭무럭 자라고 가을에 낮이 짧아지면 자라는 것을 잠시 멈춥니다. 나무는 겨울을 준비하며 엽록소를 만들지 않게 됩니다. 이때 그동안 보이지 않던 노랑이나 빨강 같은 다른 색소들이 모습을 드러내면서 나뭇잎의 색이 변합니다.

가을이 되어 나뭇잎이 옷을 갈아입은 것처럼 빨강, 주황, 노랑 등으로 변하는 것을 '단풍이 든다'고 합니다.

걸린 시간 ( ) 분 ( ) 초

낱말을 익혀요

본문에 수록된 주요 낱말들의 뜻을 익혀요.

1 색소

뜻 물체의 색깔이 나타나도록 하는 성분

예문 아이스크림과 과자에는 식용 색소가 들어 있다.

2 무럭무럭

뜻 순조롭고 힘차게 잘 자라는 모양

예문 아기들은 하루가 다르게 무럭무럭 자란다.

3 단풍

뜻 가을에 나뭇잎이 노란색이나 붉은색으로 변하는 현상

예문 산 정상에 오르니 색색의 단풍이 든 나무들이 그림처럼 아름다웠다.

단계별로 연습하기

1단계
올바른 발음을 익혀요.

발음이 어렵거나 헷갈리는 낱말들을 정확하게 읽어요.

① 나뭇잎이 [나문닙피] ② 색소 [색쏘]
③ 엽록소 [염녹쏘] ④ 무럭무럭 [무렁무럭]
⑤ 짧아지면 [짤바지면] ⑥ 갈아입은 [가라이븐]

2단계
듣고 따라 읽어요.

QR코드에서 들려주는 선생님의 음성을 들으며 읽는 연습을 해요.

1 정확하게 따라 읽어요. 

2 속도에 맞춰 따라 읽어요. 

3 자연스럽게 따라 읽어요. 

3단계
다시 읽어봐요.

다시 소리 내어 읽고, 걸린 시간을 아래 빈칸에 써 보세요.

걸린 시간  분  초

내용을 확인해요

본문에서 읽었던 내용을 떠올리며 아래 문제를 풀어봐요.

정답 ▶ 159쪽

1 단풍이 드는 이유로 알맞은 것은 무엇인가요?

① 나뭇잎이 초록색으로 보이기 때문에
② 나무가 가을에 무럭무럭 자라기 때문에
③ 엽록소가 많이 만들어지기 때문에
④ 엽록소가 아닌 다른 색소들이 모습을 드러내기 때문에

2 단풍의 색으로 알맞지 <u>않은</u> 것은 무엇인가요?

① 빨강 ② 초록
③ 주황 ④ 노랑

5주차 4일

24

가을을 알리는 잠자리

계절 2학년 2학기 | • 잠자리 꽁꽁

- 총 어절 수 76개
- 권장 읽기 시간 45초

아래 글을 소리 내어 읽고, 걸린 시간을 아래 빈칸에 써 보세요.

잠자리는 늦여름부터 가을에 많이 볼 수 있는 곤충입니다.

머리는 크고 둥글며, 머리 대부분을 차지하는 커다란 겹눈이 있습니다. 겹눈은 아주 작은 눈 수만 개가 모여 있기 때문에 사방으로 주변을 볼 수 있습니다. 가슴에는 날개와 다리가 붙어 있습니다. 잠자리는 네 개의 날개를 가지고 있는데, 앞날개와 뒷날개가 따로 움직일 수 있어서 빠르고 자유롭게 날 수 있습니다. 배는 길고 가늘며 여러 마디로 나뉘어 있습니다. 종류에 따라 배의 색깔과 무늬가 다양합니다.

잠자리는 모기나 파리 같은 해충들을 잡아먹어 우리에게 도움을 주는 익충이랍니다.

걸린 시간 (　)분 (　)초

낱말을 익혀요

본문에 수록된 주요 낱말들의 뜻을 익혀요.

1 늦여름

- 뜻: 늦은 여름
- 예문: 늦여름이 되니 무더위가 덜해지고 바람이 선선해졌다.

2 사방

- 뜻: 동, 서, 남, 북의 네 가지 방향 또는 둘레의 모든 곳
- 예문: 봄이 오니 사방에 꽃이 피었다.

3 익충

- 뜻: 사람에게 이익을 주는 곤충
- 예문: 무당벌레는 진딧물을 잡아먹는 익충이다.

단계별로 연습하기

1단계
올바른 발음을 익혀요.

발음이 어렵거나 헷갈리는 낱말들을 정확하게 읽어요.

① 늦여름 [는녀름] ② 겹눈 [겸눈]
③ 붙어 [부터] ④ 앞날개 [암날개]
⑤ 뒷날개 [뒨날개] ⑥ 자유롭게 [자유롭께]

2단계
듣고 따라 읽어요.

QR코드에서 들려주는 선생님의 음성을 들으며 읽는 연습을 해요.

1 정확하게 따라 읽어요. 

2 속도에 맞춰 따라 읽어요. 

3 자연스럽게 따라 읽어요. 

3단계
다시 읽어봐요.

다시 소리 내어 읽고, 걸린 시간을 아래 빈칸에 써 보세요.

걸린 시간   분  초

내용을 확인해요

본문에서 읽었던 내용을 떠올리며 아래 문제를 풀어봐요.

정답 ▶ 159쪽

1 잠자리에 대한 설명으로 알맞지 않은 것은 무엇인가요?

① 머리가 길고 가늘다.
② 머리의 대부분을 눈이 차지한다.
③ 가슴에 날개와 다리가 있다.
④ 배의 색깔이 다양하다.

2 빈칸에 알맞은 낱말을 본문에서 찾아 쓰세요.

 은/는 사람에게 도움을 주고, ☐☐ 은/는 해를 끼치는 곤충이다.

5주차 5일

25

입춘대길(立春大吉)

계절 2학년 2학기 | • 24절기 여행을 떠나요

• 총 어절 수 71개
• 권장 읽기 시간 45초

아래 글을 소리 내어 읽고, 걸린 시간을 아래 빈칸에 써 보세요.

 할아버지! 지금 대문에 붙이시는 게 뭐예요?

 '입춘대길(立春大吉)'이라고 쓰여 있는 종이란다. 오늘이 봄이 시작되는 입춘이라서 좋은 일이 많이 생기기를 바라면서 벽이나 문에 써 붙이는 거야.

 입춘이요?

 그래. 한자로 춘하추동은 봄, 여름, 가을, 겨울의 사계절을 나타낸단다. 옛날 우리 조상들은 1년을 15일 간격으로 나누어 24개의 절기를 만들고 농사를 짓는 데 활용했거든. 입춘, 입하, 입추, 입동처럼 시작된다는 뜻의 한자인 '입'자를 붙여서 봄, 여름, 가을, 겨울의 시작을 나타내는 날로 사용했단다.

 나머지 20개의 절기도 궁금해요!

 같이 찾아보자꾸나.

걸린 시간  분  초 

낱말을 익혀요

본문에 수록된 주요 낱말들의 뜻을 익혀요.

1 입춘

뜻 일 년 중 봄이 시작된다는 날로 이십사절기의 하나

예문 입춘이 되었으니 추위도 조금씩 물러갈 것이다.

2 절기

뜻 일 년을 스물넷으로 나눈 계절의 구분

예문 농부들은 절기에 맞춰 씨를 뿌리고 농작물을 수확하였다.

3 -자꾸나

뜻 듣는 사람에게 어떤 행동을 함께 하자며 친밀하게 제안하는 끝말

예문 아가, 오늘은 좀 더 일찍 출발하자꾸나.

단계별로 연습하기

1단계
올바른 발음을 익혀요.

발음이 어렵거나 헷갈리는 낱말들을 정확하게 읽어요.

① 붙이시는 [부치시는]
② 시작되는 [시작뙤는/시작뛔는]
③ 벽이나 [벼기나]
④ 간격으로 [간겨그로]
⑤ 입하 [이파]
⑥ 입동 [입똥]

2단계
듣고 따라 읽어요.

QR코드에서 들려주는 선생님의 음성을 들으며 읽는 연습을 해요.

1 정확하게 따라 읽어요.

2 속도에 맞춰 따라 읽어요. 

3 자연스럽게 따라 읽어요. 

3단계
다시 읽어봐요.

다시 소리 내어 읽고, 걸린 시간을 아래 빈칸에 써 보세요.

걸린 시간  분  초

내용을 확인해요

본문에서 읽었던 내용을 떠올리며 아래 문제를 풀어봐요.

정답 ▶ 159쪽

1 절기에 대한 설명으로 알맞지 않은 것은 무엇인가요?

① 20개로 나누어져 있다.

② 농사를 지을 때 활용했다.

③ 1년을 15일 간격으로 나누었다.

④ 입하는 여름의 시작을 나타내는 날이다.

2 빈칸에 알맞은 낱말을 본문에서 찾아 쓰세요.

☐☐☐☐ 은/는 봄, 여름, 가을, 겨울을 나타내는 한자어이다.

계절 2학년 2학기 | • 24절기 여행을 떠나요

6주차 1일

26 24절기 노래 (1)

• 총 어절 수 71개
• 권장 읽기 시간 45초

아래 글을 소리 내어 읽고, 걸린 시간을 아래 빈칸에 써 보세요.

효준이는 할아버지와 함께 24절기에 대해 좀 더 알아보았습니다. 계절마다 6개의 절기가 있고, 절기마다 먹는 음식과 특징이 있다는 것도 알게 되었습니다. '아하! 그래서 겨울 방학 전 급식에 팥죽이 나왔었구나!' 하는 생각도 하게 되었지요. 24절기와 관련된 노래도 찾을 수 있었습니다.

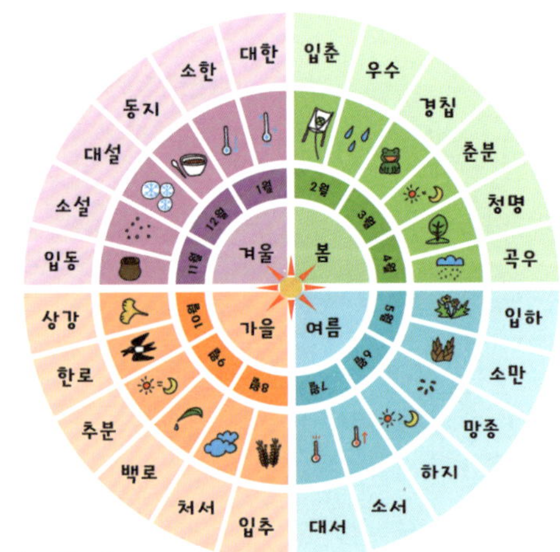

따뜻한 봄 시작되는 입춘
얼음 녹고 새싹 트는 우수
겨울잠에서 깨어나는 경칩
낮과 밤의 길이 같은 춘분

청명한 바람 불어서 청명
봄비가 와 곡식 잘되는 곡우
여름 시작되는 입하
여름 기운 차오른다 소만

* '24절기 노래', 작사 미상

걸린 시간 ( )분 ( )초

낱말을 익혀요

본문에 수록된 주요 낱말들의 뜻을 익혀요.

1 팥죽

뜻 팥을 삶아 으깨어 거른 물에 쌀을 넣고 쑨 죽

예문 동지가 되면 할머니께서는 팥죽을 쑤어 주셨다.

2 청명하다

뜻 날씨가 맑고 밝다

예문 운동회 하는 날, 비가 올까 봐 걱정했는데 날씨가 청명했다.

3 차오르다

뜻 어떤 공간을 채우며 일정 높이에 다다라 오르다

예문 비가 많이 와서 무릎까지 오던 강물이 허리까지 차올랐다.

단계별로 연습하기

1단계
올바른 발음을 익혀요.

발음이 어렵거나 헷갈리는 낱말들을 정확하게 읽어요.

① 먹는 [멍는] ② 특징 [특찡]
③ 팥죽 [판쭉] ④ 따뜻한 [따뜨탄]
⑤ 얼음 [어름] ⑥ 봄비 [봄삐]

2단계
듣고 따라 읽어요.

QR코드에서 들려주는 선생님의 음성을 들으며 읽는 연습을 해요.

1 정확하게 따라 읽어요.
2 속도에 맞춰 따라 읽어요.
3 자연스럽게 따라 읽어요.

3단계
다시 읽어봐요.

다시 소리 내어 읽고, 걸린 시간을 아래 빈칸에 써 보세요.

걸린 시간 분 초

내용을 확인해요

본문에서 읽었던 내용을 떠올리며 아래 문제를 풀어봐요.

정답 ▶ 159쪽

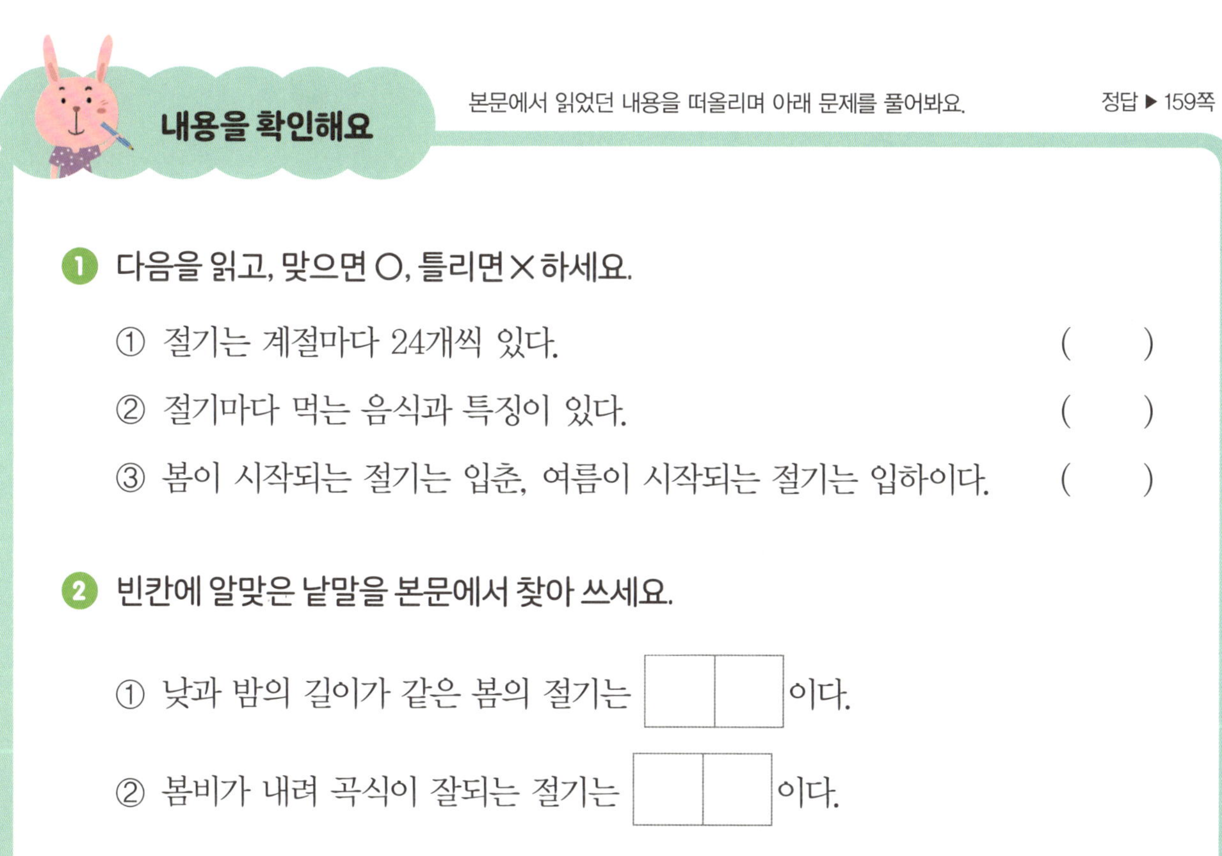

1 다음을 읽고, 맞으면 ○, 틀리면 × 하세요.

① 절기는 계절마다 24개씩 있다. ( )

② 절기마다 먹는 음식과 특징이 있다. ( )

③ 봄이 시작되는 절기는 입춘, 여름이 시작되는 절기는 입하이다. ( )

2 빈칸에 알맞은 낱말을 본문에서 찾아 쓰세요.

① 낮과 밤의 길이가 같은 봄의 절기는 ☐☐ 이다.

② 봄비가 내려 곡식이 잘되는 절기는 ☐☐ 이다.

27 24절기 노래 (2)

계절 2학년 2학기 | • 24절기 여행을 떠나요

- 총 어절 수 73개
- 권장 읽기 시간 45초

아래 글을 소리 내어 읽고, 걸린 시간을 아래 빈칸에 써 보세요.

곡식 익어 부스럭대는 망종
낮 시간이 가장 길다 하지
작은 더위 시작되는 소서
1년 중에 가장 더운 대서

더위 가고 가을 시작 입추
더위 처치 해버리자 처서
이슬 내려 가을 왔네 백로
가을 한가운데 나눠 추분

찬 이슬 맺혔다고 한로
서리 내려 싸늘하다 상강
추운 겨울 시작된다 입동
적은 눈 내리기 시작 소설

큰 눈 내려 겨울 왔네 대설
낮은 짧고 밤은 길다 동지
가장 추운 날씨 소한
1년 중에 가장 추운 대한

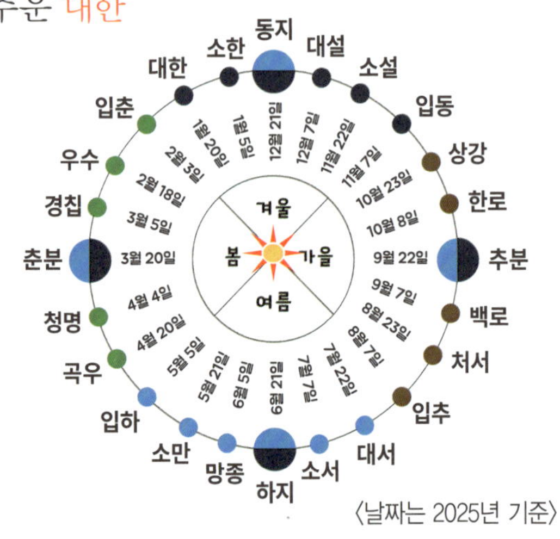

〈날짜는 2025년 기준〉

* '24절기 노래', 작사 미상

걸린 시간 ( )분 ( )초

낱말을 익혀요

본문에 수록된 주요 낱말들의 뜻을 익혀요.

1 곡식
- 뜻: 쌀, 보리, 밀, 옥수수 등 주로 주식으로 쓰이는 먹거리
- 예문: 가을이 되어 곡식이 익으니 온 들판이 황금색이었다.

2 처치
- 뜻: 처리하여 없애는 것
- 예문: 집에 책이 너무 많아 처치 곤란이었다.

3 서리
- 뜻: 공기 중의 수증기가 땅 위의 물체 겉에 얼어붙은 것
- 예문: 아침에 일어나 보니 마당에 서리가 하얗게 내려 있었다.

단계별로 연습하기

1단계
올바른 발음을 익혀요.

발음이 어렵거나 헷갈리는 낱말들을 정확하게 읽어요.

① 곡식 [곡씩] ② 부스럭대는 [부스럭때는]
③ 백로 [뱅노] ④ 맺혔다고 [매처따고]
⑤ 왔네 [완네] ⑥ 짧고 [짤꼬]

2단계
듣고 따라 읽어요.

QR코드에서 들려주는 선생님의 음성을 들으며 읽는 연습을 해요.

1 정확하게 따라 읽어요.
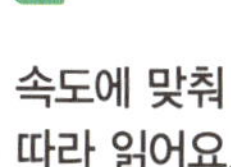
2 속도에 맞춰 따라 읽어요.
3 자연스럽게 따라 읽어요.

3단계
다시 읽어봐요.

다시 소리 내어 읽고, 걸린 시간을 아래 빈칸에 써 보세요.

걸린 시간  분  초

내용을 확인해요

본문에서 읽었던 내용을 떠올리며 아래 문제를 풀어봐요. 정답 ▶ 159쪽

1 순서에 맞게 빈칸에 알맞은 절기를 쓰세요.

입춘	우수		춘분	청명	곡우		소만	망종		소서	대서
입추	처서	백로		한로	상강	입동		대설		소한	대한

2 내 생일과 가장 가까운 절기를 본문의 그림에서 찾아 쓰세요.

▶ 내 생일: (　　월　　일) ▶ 가까운 절기: (　　　　)

6주차 3일

28

제철 음식

계절 2학년 2학기 | • 계절 상차림

- 총 어절 수 74개
- 권장 읽기 시간 45초

아래 글을 소리 내어 읽고, 걸린 시간을 아래 빈칸에 써 보세요.

싱싱한 제철 음식은 맛도 좋고 영양도 풍부합니다.

활력을 되찾고 새싹이 돋는 봄에는 냉이, 달래, 쑥 등 봄나물을 많이 먹습니다. 달콤한 딸기는 봄을 대표하는 과일입니다. 날씨가 더운 여름에는 수박, 참외, 자두, 복숭아 등을 먹으며 더위를 식힙니다. 열무, 오이가 제철인 여름에는 열무김치가 별미입니다. 곡식이 여무는 가을에는 고구마, 밤, 대추 등으로 영양을 보충합니다. 가을 사과와 배는 당도가 높아 가장 맛있을 때랍니다. 날씨가 추워지는 겨울에는 배추와 무로 김장 김치를 담그고, 무청은 말려 시래기로 활용합니다. 새콤달콤한 귤도 겨울이 제철입니다.

걸린 시간 ( ) 분 ( ) 초

낱말을 익혀요

본문에 수록된 주요 낱말들의 뜻을 익혀요.

1 제철

뜻 알맞은 시기나 때

예문 비닐하우스에서 생산되는 과일이 많아서 제철이 따로 없는 것 같아.

2 별미

뜻 특별히 좋은 맛 또는 그런 맛을 가진 음식

예문 더운 여름에는 시원한 팥빙수가 별미이다.

3 당도

뜻 음식물의 단맛의 정도

예문 햇빛을 많이 받으면 과일의 당도가 높아진다.

단계별로 연습하기

1단계
올바른 발음을 익혀요.

발음이 어렵거나 헷갈리는 낱말들을 정확하게 읽어요.

① 맛도 [맏또] ② 되찾고 [되찯꼬/뒈찯꼬]
③ 돋는 [돈는] ④ 참외 [차뫼/차뭬]
⑤ 복숭아 [복쑹아] ⑥ 높아 [노파]

2단계
듣고 따라 읽어요.

QR코드에서 들려주는 선생님의 음성을 들으며 읽는 연습을 해요.

정확하게 따라 읽어요. 

2 속도에 맞춰 따라 읽어요. 

3 자연스럽게 따라 읽어요. 

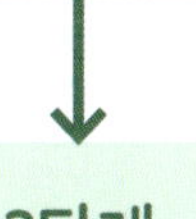

3단계
다시 읽어봐요.

다시 소리 내어 읽고, 걸린 시간을 아래 빈칸에 써 보세요.

걸린 시간  분  초

내용을 확인해요

본문에서 읽었던 내용을 떠올리며 아래 문제를 풀어봐요. 정답 ▶ 160쪽

1 계절과 어울리는 음식을 바르게 연결하세요.

①  ②  ③  ④ 

㉠ 봄 ㉡ 여름 ㉢ 가을 ㉣ 겨울

2 본문에 나온 봄나물을 2가지 찾아 쓰세요.

( ), ( )

6주차 4일

29 미래를 전하는 사람들

계절 2학년 2학기 | 날씨를 알려드립니다

- 총 어절 수 73개
- 권장 읽기 시간 45초

아래 글을 소리 내어 읽고, 걸린 시간을 아래 빈칸에 써 보세요.

시청자 여러분, 안녕하십니까? 초등 뉴스 진행자 김기영입니다. 자세한 오늘의 날씨를 신수연 기상 캐스터가 전해드리겠습니다.

주말을 맞아 봄기운이 완연한 가운데, 화창한 날씨가 이어지고 전국 곳곳에 나들이 차량이 많아지고 있습니다. 모처럼 미세 먼지 농도도 낮아 맑은 하늘을 볼 수 있는데요. 이러한 날씨는 다음 주 중반까지 이어지다가 주 후반부터 비가 내린 후, 다시 기온이 떨어질 것으로 예상됩니다. 일교차가 큰 날씨는 다음 주까지 이어지겠으니 외출하실 때는 얇은 외투를 챙기시는 것이 좋겠습니다.

이상 오늘의 날씨, 기상 캐스터 신수연이었습니다.

걸린 시간 ( )분 ( )초

낱말을 익혀요

본문에 수록된 주요 낱말들의 뜻을 익혀요.

1 완연하다

- 뜻: 눈에 보이는 것처럼 아주 뚜렷하다
- 예문: 얼마 전까지만 해도 겨울이었던 것 같은데 벌써 봄기운이 완연하다.

2 모처럼

- 뜻: 아주 오래간만에
- 예문: 모처럼 쉬는 날인데 재미있는 영화라도 보러 가자.

3 일교차

- 뜻: 하루 동안에 기온, 기압, 습도 등이 바뀌는 차이
- 예문: 아침에는 춥고, 낮에는 더워서 반팔을 입을 만큼 일교차가 크다.

단계별로 연습하기

1단계
올바른 발음을 익혀요.

발음이 어렵거나 헷갈리는 낱말들을 정확하게 읽어요.

① 봄기운 [봄끼운] ② 완연한 [와년한]
③ 곳곳에 [곧꼬세] ④ 나들이 [나드리]
⑤ 기온이 [기오니] ⑥ 얇은 [얄븐]

2단계
듣고 따라 읽어요.

QR코드에서 들려주는 선생님의 음성을 들으며 읽는 연습을 해요.

1 정확하게 따라 읽어요.
2 속도에 맞춰 따라 읽어요.
3 자연스럽게 따라 읽어요.

3단계
다시 읽어봐요.

다시 소리 내어 읽고, 걸린 시간을 아래 빈칸에 써 보세요.

걸린 시간 ( ) 분 ( ) 초

내용을 확인해요

본문에서 읽었던 내용을 떠올리며 아래 문제를 풀어봐요.

정답 ▶ 160쪽

1 본문에서 이번 주말 날씨로 말하지 않은 것은 무엇인가요?

① 맑고 화창하다. ② 미세먼지 농도가 낮다.
③ 비가 내릴 것이다. ④ 일교차가 크다.

2 빈칸에 알맞은 낱말을 본문에서 찾아 쓰세요.

① 날씨 예보를 전해주는 사람을 [|] 캐스터라고 한다.

② 요즘은 아침에는 춥고 한낮에는 더운 [| |] 이/가 심한 날씨이므로 건강에 유의해야 한다.

6주차 5일

30

봄나물의 참맛

계절 2학년 2학기 | • 이 계절이 좋은 이유

- 총 어절 수 76개
- 권장 읽기 시간 45초

아래 글을 소리 내어 읽고, 걸린 시간을 아래 빈칸에 써 보세요.

어느 산골 마을에 할머니와 손녀 '초록이'가 살았어요. 봄이 되자, 할머니는 초록이와 함께 산에 올라 나물을 캤어요.

"이건 쑥, 저건 두릅, 그건 냉이란다. 조금 쌉쌀하지만 몸에 아주 좋아."

초록이는 조금 떼어 맛을 보고는 얼굴을 찡그렸어요.

"그래도 씁쓰름한 맛이 몸에 좋은 법이지. 어떤 건 정말 쓰디쓰단다."

집에 돌아와 할머니는 맛있는 나물 반찬을 만드셨어요. 조금씩 먹다 보니 초록이는 그 깊은 맛을 알게 되었어요.

"오, 이제는 이 쌉쌀한 맛이 맛있게 느껴져요!"

그날 이후로 초록이는 나물을 좋아하게 되었고, 건강하게 잘 자랐답니다.

걸린 시간 ( ) 분 ( ) 초

낱말을 익혀요

본문에 수록된 주요 낱말들의 뜻을 익혀요.

1 쌉쌀하다

뜻 조금 쓴 맛이 있다

예문 병원에서 받은 가루약이 쌉쌀하다.

2 씁쓰름하다

뜻 조금 쓴맛이 나는 듯하다

예문 할머니께서 주신 녹차는 씁쓰름한 맛이 났다.

3 쓰디쓰다

뜻 몹시 쓰다

예문 나는 한 달 동안 아침저녁으로 쓰디쓴 한약을 먹느라 힘들었다.

단계별로 연습하기

1단계

올바른 발음을 익혀요.

발음이 어렵거나 헷갈리는 낱말들을 정확하게 읽어요.

① 산골 [산꼴] ② 초록이 [초로기]
③ 나물을 [나무를] ④ 맛을 [마슬]
⑤ 얼굴을 [얼구를] ⑥ 맛있는 [마딘는/마신는]

2단계

듣고 따라 읽어요.

QR코드에서 들려주는 선생님의 음성을 들으며 읽는 연습을 해요.

1 정확하게 따라 읽어요. 

2 속도에 맞춰 따라 읽어요. 

3 자연스럽게 따라 읽어요. 

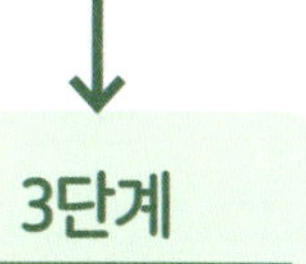

3단계

다시 읽어봐요.

다시 소리 내어 읽고, 걸린 시간을 아래 빈칸에 써 보세요.

걸린 시간  분  초

내용을 확인해요

본문에서 읽었던 내용을 떠올리며 아래 문제를 풀어봐요.

정답 ▶ 160쪽

1 산에서 볼 수 있는 봄나물의 종류가 아닌 것은 무엇인가요?

① 쑥 ② 냉이
③ 두릅 ④ 콩나물

2 맛을 나타내는 다음 낱말 중 의미가 다른 하나는 무엇인가요?

① 쓰디쓰다 ② 쌉쌀하다
③ 달콤하다 ④ 씁쓰름하다

3 '아들의 딸 또는 딸의 딸'을 나타내는 낱말을 본문에서 찾아 쓰세요.

____

3장 <통합 - 계절> 마무리 활동

정답 ▶ 160쪽

1 3장에서 배운 내용을 생각하며, 아래의 낱말을 정확하게 읽어봐요.

① 겨울잠	② 얼어붙지
③ 박동	④ 알록달록
⑤ 봄바람	⑥ 국화
⑦ 엽록소	⑧ 무럭무럭
⑨ 갈아입은	⑩ 늦여름
⑪ 겹눈	⑫ 앞날개
⑬ 시작되는	⑭ 입하
⑮ 입동	⑯ 특징
⑰ 얼음	⑱ 봄비
⑲ 곡식	⑳ 백로
㉑ 짧고	㉒ 돋는
㉓ 참외	㉔ 복숭아
㉕ 봄기운	㉖ 나들이
㉗ 얇은	㉘ 산골
㉙ 초록이	㉚ 맛을

2 다음을 읽고, 맞으면 ○, 틀리면 × 하세요.

21과 ① 곰, 뱀, 개구리는 겨울잠을 잔다. (　　)

22과 ② 국화, 코스모스, 해바라기는 봄에 피는 꽃이다. (　　)

25과 ③ 춘하추동은 봄, 여름, 가을, 겨울을 나타낸다. (　　)

27과 ④ 낮 시간이 가장 길다는 절기는 동지이다. (　　)

29과 ⑤ 하루 동안 기온, 습도 등이 바뀌는 차이를 일교차라고 한다. (　　)

3 <보기>에서 알맞은 낱말을 골라 빈칸에 쓰세요.

보기

익충　절기　제철　쓴　단　단풍

23과 ① 가을에 [　　] 이/가 들면 나뭇잎이 빨강, 주황, 노랑으로 변한다.

24과 ② 무당벌레는 진딧물을 잡아먹는 [　　] 이다.

26과 ③ 일 년을 스물넷으로 나누어 계절을 구분한 것을 [　　] (이)라고 한다.

28과 ④ 열무, 오이가 [　　] 인 여름에는 열무김치가 별미이다.

30과 ⑤ '맛이 씁쓸하다'는 조금 [　　] 맛이 있다는 뜻이다.

통합 | 인물

31	백성을 가르치는 바른 소리
32	아기 구름의 여행
33	돌로 만들어진 악기
34	조선의 과학 천재 장영실
35	자랑스러운 전통문화
36	우리의 소리
37	소식을 전해요
38	전통 스포츠, 씨름
39	산에서 길을 잃었어요
40	강강술래

1주차 1일

31

백성을 가르치는 바른 소리

인물 2학년 2학기 | • 세종대왕과 한글

- 총 어절 수 77개
- 권장 읽기 시간 45초

아래 글을 소리 내어 읽고, 걸린 시간을 아래 빈칸에 써 보세요.

세종대왕은 글을 잘 모르는 백성들을 위해 우리나라 말을 쉽게 기록할 우리 고유의 글자를 만들어 냈는데, 이것이 바로 한글입니다. 처음에는 '훈민정음(백성을 가르치는 바른 소리)'이라고 불렀으며, 그 서문에 세종대왕의 뜻을 담았습니다.

『우리나라 말이 중국과 달라 문자끼리 서로 맞지 아니하니 이런 까닭으로 어리석은 백성이 말하고자 하는 바가 있어도 마침내 자신의 뜻을 펴지 못하는 사람이 많으니라. 내 이를 가엾게 여겨 새로 스물여덟 글자를 만드니 모든 사람으로 하여금 쉽게 익혀 날마다 쓰기에 편안케 하고자 할 따름이니라.』

백성을 위한 세종대왕의 마음이 느껴지나요?

걸린 시간 ( )분 ( )초

낱말을 익혀요

본문에 수록된 주요 낱말들의 뜻을 익혀요.

1 백성

뜻 나라의 근본이 되는 국민을 예스럽게 이르는 말

예문 세종대왕은 백성을 사랑한 왕이었다.

2 고유

뜻 한 사물이나 집단 등이 본래부터 지니고 있는 특별한 것

예문 한복은 우리 고유의 의상입니다.

3 서문

뜻 책이나 글의 첫 부분에 내용이나 목적 등을 간단하게 적은 글

예문 나는 책의 서문을 읽고 작가가 이 글을 쓴 이유를 알게 되었다.

단계별로 연습하기

1단계
올바른 발음을 익혀요.

발음이 어렵거나 헷갈리는 낱말들을 정확하게 읽어요.

① 글을 [그를] ② 백성 [백썽]
③ 기록할 [기로칼] ④ 맞지 [맏찌]
⑤ 까닭으로 [까달그로] ⑥ 스물여덟 [스물여덜]

2단계
듣고 따라 읽어요.

QR코드에서 들려주는 선생님의 음성을 들으며 읽는 연습을 해요.

1 정확하게 따라 읽어요.

2 속도에 맞춰 따라 읽어요.

3 자연스럽게 따라 읽어요.

3단계
다시 읽어봐요.

다시 소리 내어 읽고, 걸린 시간을 아래 빈칸에 써 보세요.

걸린 시간 　분 　초

내용을 확인해요

본문에서 읽었던 내용을 떠올리며 아래 문제를 풀어봐요. 정답 ▶ 160쪽

1 세종대왕이 한글을 만든 이유로 알맞은 것은 무엇인가요?

① 우리나라 말을 중국의 한자와 같게 하려고
② 백성들이 한자를 잘 알고 있어서
③ 백성들이 쉽게 익혀 매일 쓰게 하려고
④ 다른 나라 사람들이 모르는 글을 만들려고

2 빈칸에 알맞은 낱말을 본문에서 찾아 쓰세요.

한글의 처음 이름은 '백성을 가르치는 바른 소리'라는 뜻의  이다.

1주차 2일

32

아기 구름의 여행

인물 2학년 2학기 | • 한글을 찾아서

- 총 어절 수 76개
- 권장 읽기 시간 45초

아래 글을 소리 내어 읽고, 걸린 시간을 아래 빈칸에 써 보세요.

봄바람이 살랑살랑 불어오자, 아기 구름은 여행을 떠났어요. 강 위를 지나가자, 물고기들이 또랑또랑 빛나는 눈으로 쳐다보며 말했어요.

"구름아, 우리에게 비를 뿌려줄 수 있니?"

"아직은 힘들어. 난 너무 작거든!"

산에 있는 나무들도 도담도담 튼튼하게 자라고 있었어요.

"구름아, 햇볕이 뜨거워. 시원한 비를 내려줄 수 있니?"

"미안해, 더 커지면 꼭 도와줄게!"

여행이 길어지자, 아기 구름의 몸에 힘이 빠지고 물방울이 송골송골 맺혔어요. 그때, 하늘이 가물가물 흐려지더니 몸에서 빗방울이 후두둑 떨어졌어요!

"우와! 구름이 비를 뿌려줬어!"

아기 구름은 세상을 도울 수 있어서 뿌듯했어요.

걸린 시간 ( ) 분 ( ) 초

낱말을 익혀요

본문에 수록된 주요 낱말들의 뜻을 익혀요.

1 살랑살랑

- 뜻: 바람이 가볍게 자꾸 부는 모양
- 예문: 봄바람이 기분 좋게 살랑살랑 불어왔다.

2 또랑또랑

- 뜻: 눈빛, 목소리, 정신이 아주 밝고 또렷한 모양
- 예문: 세아는 또랑또랑한 목소리로 자신의 생각을 자신 있게 말했다.

3 도담도담

- 뜻: 어린아이가 탈 없이 잘 놀며 자라는 모양
- 예문: 그 아이는 큰 탈 없이 도담도담 잘 자라 어른이 되었다.

단계별로 연습하기

1단계
올바른 발음을 익혀요.

발음이 어렵거나 헷갈리는 낱말들을 정확하게 읽어요.

① 물고기 [물꼬기]
② 빛나는 [빈나는]
③ 작거든 [작꺼든]
④ 햇볕이 [해뼈치/핻뼈치]
⑤ 빗방울 [비빵울/빋빵울]
⑥ 뿌듯했어요 [뿌드태써요]

2단계
듣고 따라 읽어요.

QR코드에서 들려주는 선생님의 음성을 들으며 읽는 연습을 해요.

1 정확하게 따라 읽어요. 

2 속도에 맞춰 따라 읽어요. 

3 자연스럽게 따라 읽어요. 

3단계
다시 읽어봐요.

다시 소리 내어 읽고, 걸린 시간을 아래 빈칸에 써 보세요.

걸린 시간  분  초 

내용을 확인해요

본문에서 읽었던 내용을 떠올리며 아래 문제를 풀어봐요.

정답 ▶ 160쪽

1 물방울이 맺힌 모양을 나타내는 순우리말은 무엇인가요?

① 살랑살랑
② 또랑또랑
③ 도담도담
④ 송골송골

2 빈칸에 알맞은 낱말을 본문에서 찾아 쓰세요.

① 지윤이는 수업시간에 □□□□ 한 목소리로 발표를 한다.

② 비행기가 하늘 높이 날아오를수록 점점 작아지고 □□□□ 멀어졌다.

1주차 3일

33

돌로 만들어진 악기

인물 2학년 2학기 | • 세종대왕과 음악

- 총 어절 수 76개
- 권장 읽기 시간 45초

아래 글을 소리 내어 읽고, 걸린 시간을 아래 빈칸에 써 보세요.

조선시대 초까지 궁중에서 연주된 곡은 고려 때 중국 송나라에서 들어온 것이었습니다. 세종대왕과 박연은 우리 곡을 연주하고 기록하기 위해 노력했습니다. 박연은 음악을 더욱 발전시켜 우리나라 고유의 음악으로 만들고 싶어 했습니다. 당시 가지고 있던 악기가 너무 낡아서 우리 음악에 어울리는 악기를 만들어야 했습니다.

오랜 연구 끝에 크기는 같고 두께가 다른 부메랑 모양의 돌 열여섯 개를 매달아, 두께에 따라 서로 높낮이가 다른 음을 낼 수 있는 악기를 만들었는데, 이것이 바로 편경입니다. 각퇴라는 망치처럼 생긴 채로 그 돌들을 쳐서 연주한답니다.

걸린 시간  분  초 

낱말을 익혀요

본문에 수록된 주요 낱말들의 뜻을 익혀요.

1 궁중

- 뜻: 대궐 안
- 예문: 궁중에서는 좋은 재료와 여러 가지 요리 방법을 사용했다.

2 고려

- 뜻: 왕건이 후삼국을 통일하고 918년에 세운 나라
- 예문: 고려가 멸망하고, 1392년 이성계에 의해 조선이 세워졌다.

3 부메랑

- 뜻: 앞으로 던지면 던진 사람 쪽으로 다시 돌아오는, 굽은 모양의 막대
- 예문: 호주 원주민은 부메랑을 무기로 사용했었다.

단계별로 연습하기

1단계
올바른 발음을 익혀요.

발음이 어렵거나 헷갈리는 낱말들을 정확하게 읽어요.

① 기록하기 [기로카기] ② 발전 [발쩐]
③ 있던 [읻떤] ④ 악기 [악끼]
⑤ 낡아서 [날가서] ⑥ 높낮이 [놈나지]

2단계
듣고 따라 읽어요.

QR코드에서 들려주는 선생님의 음성을 들으며 읽는 연습을 해요.

1 정확하게 따라 읽어요. 

2 속도에 맞춰 따라 읽어요. 

3 자연스럽게 따라 읽어요. 

3단계
다시 읽어봐요.

다시 소리 내어 읽고, 걸린 시간을 아래 빈칸에 써 보세요.

걸린 시간   분  초

내용을 확인해요

본문에서 읽었던 내용을 떠올리며 아래 문제를 풀어봐요.

정답 ▶ 160쪽

1 편경에 대한 설명으로 알맞지 않은 것은 무엇인가요?

① 부메랑 모양의 돌로 만들었다.
② 망치처럼 생긴 채로 연주했다.
③ 열 개의 돌을 매달아 연주했다.
④ 우리 고유의 음악을 연주하려고 만들었다.

2 빈칸에 알맞은 낱말을 본문에서 찾아 쓰세요.

편경은 매달린 돌의 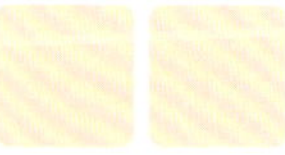 에 따라 음의 높낮이가 다르다.

7주차 4일

34

조선의 과학 천재 장영실

인물 2학년 2학기 | • 세종대왕과 장영실

• 총 어절 수 73개
• 권장 읽기 시간 45초

아래 글을 소리 내어 읽고, 걸린 시간을 아래 빈칸에 써 보세요.

장영실은 조선시대의 위대한 과학자입니다.

장영실은 신분이 낮았지만, 뛰어난 재능을 인정받아 궁궐에서 일하게 되었습니다. 과학을 중요하게 생각한 세종대왕의 믿음을 얻으며 다양한 과학 기구를 발명했는데, 해시계인 앙부일구, 물시계인 자격루, 비가 오는 양을 측정하는 측우기 등을 만들었습니다. 이 발명품들은 당시 농사와 백성들의 생활에 큰 도움이 되었습니다.

또, 세종대왕과 함께 '혼천의'라는 천문 관측 기구도 만들어 별과 하늘의 움직임을 더 정확히 알 수 있게 했습니다. 오늘날에도 장영실의 이름을 딴 상과 과학관을 만들어 많은 사람들이 그의 업적을 기리고 있답니다.

걸린 시간  분  초 

낱말을 익혀요

본문에 수록된 주요 낱말들의 뜻을 익혀요.

❶ **신분**

뜻 옛날 제도적으로 개인에게 주어진 지위나 서열

예문 조선 시대에는 신분에 따라 직업이 결정됐다.

❷ **천문**

뜻 우주와 천체의 온갖 현상과 그에 내재된 법칙성

예문 과학관에서는 다양한 천문 과학 프로그램을 운영한다.

❸ **기리다**

뜻 뛰어난 업적, 본받을 만한 정신, 위대한 사람 등을 칭찬하고 기억하다

예문 현충일에는 나라를 지킨 분들의 업적을 기리는 행사가 열린다.

단계별로 연습하기

1단계
올바른 발음을 익혀요.

발음이 어렵거나 헷갈리는 낱말들을 정확하게 읽어요.

① 과학자 [과학짜]
② 낮았지만 [나자찌만]
③ 믿음을 [미드믈]
④ 자격루 [자경누]
⑤ 혼천의 [혼처니/혼처늬]
⑥ 업적 [업쩍]

2단계
듣고 따라 읽어요.

QR코드에서 들려주는 선생님의 음성을 들으며 읽는 연습을 해요.

1 정확하게 따라 읽어요. 

2 속도에 맞춰 따라 읽어요. 

3 자연스럽게 따라 읽어요. 

3단계
다시 읽어봐요.

다시 소리 내어 읽고, 걸린 시간을 아래 빈칸에 써 보세요.

걸린 시간  분  초

내용을 확인해요

본문에서 읽었던 내용을 떠올리며 아래 문제를 풀어봐요.

정답 ▶ 160쪽

1 발명품의 이름과 그 쓰임을 바르게 연결하세요.

① 자격루 • 　　• ㉠ 비가 내린 양 측정
② 혼천의 • 　　• ㉡ 물시계
③ 측우기 • 　　• ㉢ 천문 관측 기구

2 다음을 읽고, 맞으면 ○, 틀리면 × 하세요.

① 장영실은 고려 시대의 과학자이다. ( )
② 장영실은 높은 신분으로 태어나 궁궐에서 일하게 되었다. ( )
③ 장영실상, 장영실 과학관을 만들어 그의 업적을 기리고 있다. ( )

7주차 5일

35

자랑스러운 전통문화

인물 2학년 2학기 | • 전통을 이어가려면

• 총 어절 수 75개
• 권장 읽기 시간 45초

아래 글을 소리 내어 읽고, 걸린 시간을 아래 빈칸에 써 보세요.

김치는 한국을 대표하는 전통 음식입니다.

처음의 김치는 지금처럼 빨갛지 않았습니다. 소금에 절인 배추나 무를 그대로 먹었는데, 고려 시대에 들어와 마늘과 생강 같은 양념을 넣기 시작했습니다. 그 후 조선시대에 고춧가루가 전해지면서 지금처럼 매운 김치가 만들어졌습니다.

김치는 지역마다 종류가 다양한데, 남쪽 지방은 젓갈을 많이 넣어 감칠맛이 강하고, 북쪽 지방은 양념이 적어 담백합니다. 김치는 맛뿐만 아니라 몸에도 좋습니다. 유산균이 많아서 소화를 돕고 건강을 지켜줍니다. 요즘은 외국에서도 김치를 좋아하는 사람들이 점점 늘어나 우리의 문화를 세계에 알리는 중요한 음식이 되었습니다.

걸린 시간 ( ) 분 ( ) 초

낱말을 익혀요

본문에 수록된 주요 낱말들의 뜻을 익혀요.

1 양념

뜻 음식의 맛을 좋게 하려고 쓰는 재료

예문 파와 마늘은 한국 음식에 많이 쓰이는 양념들이다.

2 감칠맛

뜻 맛있는 음식을 먹고 난 뒤에 입에 남는 아주 좋은 느낌

예문 된장찌개에 멸치 끓인 물을 넣으면 감칠맛을 낼 수 있다.

3 담백하다

뜻 음식의 맛이 느끼하지 않고 산뜻하다

예문 그 고기는 기름기가 쫙 빠져서 아주 담백했다.

단계별로 연습하기

1단계 올바른 발음을 익혀요.

발음이 어렵거나 헷갈리는 낱말들을 정확하게 읽어요.

① 빨갛지 [빨가치]
② 절인 [저린]
③ 넣기 [너키]
④ 고춧가루 [고추까루/고춛까루]
⑤ 젓갈 [전깔]
⑥ 담백합니다 [담배캅니다]

2단계 듣고 따라 읽어요.

QR코드에서 들려주는 선생님의 음성을 들으며 읽는 연습을 해요.

1 정확하게 따라 읽어요. 

2 속도에 맞춰 따라 읽어요. 

3 자연스럽게 따라 읽어요. 

3단계 다시 읽어봐요.

다시 소리 내어 읽고, 걸린 시간을 아래 빈칸에 써 보세요.

걸린 시간  분  초 

내용을 확인해요

본문에서 읽었던 내용을 떠올리며 아래 문제를 풀어봐요.

정답 ▶ 161쪽

1 김치에 대한 설명으로 알맞은 것은 무엇인가요?

① 매운맛을 좋아하는 우리 조상들은 처음부터 매운 김치를 만들어 먹었다.

② 요즘에는 마늘, 생강, 고춧가루 등의 양념을 사용하지 않는다.

③ 배추와 무 등 다양한 종류로 김치를 만들고, 지역에 따라 맛이 다르다.

2 다음을 읽고, 시대의 순서에 맞게 번호를 쓰세요.

① 고춧가루를 넣은 김치를 만들었다. ( )

② 배추나 무를 소금에만 절여서 먹었다. ( )

③ 소금에 절인 배추에 마늘, 생강을 넣은 김치를 먹기 시작했다. ( )

8주차 1일

36

우리의 소리

인물 2학년 2학기 | • 전통을 이어가려면

• 총 어절 수 73개
• 권장 읽기 시간 45초

아래 글을 소리 내어 읽고, 걸린 시간을 아래 빈칸에 써 보세요.

판소리는 한국의 전통적인 노래이자, 이야기하는 예술입니다.

뮤지컬은 여러 사람이 노래하지만, 판소리에서는 한 사람이 노래와 이야기를 하면서 다양한 감정을 표현합니다. 소리의 크기나 빠르기, 음성을 다르게 부르며, 목소리로 이야기 속의 인물들을 표현합니다. 노래를 부르는 사람을 '소리꾼'이라고 하고, 옆에서 북을 치며 장단을 맞춰 주는 사람을 '고수'라고 합니다.

판소리의 이야기는 춘향가, 흥보가, 수궁가, 심청가와 같은 옛날이야기를 바탕으로 하고, 사랑, 용기, 슬픔, 기쁨 같은 다양한 내용을 담고 있습니다. 판소리는 한국의 중요한 문화유산 중 하나로, 지금도 많은 사람들이 즐기고 있습니다.

걸린 시간  분  초

낱말을 익혀요

본문에 수록된 주요 낱말들의 뜻을 익혀요.

① 음성

뜻 사람의 목소리나 말소리

예문 그 친구는 목감기에 걸려 거친 음성으로 말을 했다.

② 장단

뜻 춤이나 노래의 빠르기를 조절하는 박자

예문 공연을 보던 관객들이 박수로 장단을 맞춰주었다.

③ 문화유산

뜻 다음 세대에 전할 만한 가치를 지닌 문화적 산물

예문 우리의 아름다운 문화유산을 세계에 널리 알려야 한다.

단계별로 연습하기

1단계 올바른 발음을 익혀요.

발음이 어렵거나 헷갈리는 낱말들을 정확하게 읽어요.

① 판소리 [판쏘리] ② 목소리 [목쏘리]
③ 옆에서 [여페서] ④ 옛날이야기 [옌날리야기]
⑤ 담고 [담꼬] ⑥ 많은 [마는]

2단계 듣고 따라 읽어요.

QR코드에서 들려주는 선생님의 음성을 들으며 읽는 연습을 해요.

1 정확하게 따라 읽어요. 

2 속도에 맞춰 따라 읽어요. 

3 자연스럽게 따라 읽어요. 

3단계 다시 읽어봐요.

다시 소리 내어 읽고, 걸린 시간을 아래 빈칸에 써 보세요.

걸린 시간   분  초

내용을 확인해요

본문에서 읽었던 내용을 떠올리며 아래 문제를 풀어봐요.

정답 ▶ 161쪽

1 판소리의 이야기가 아닌 것을 고르세요.

① 춘향가 ② 애국가
③ 심청가 ④ 흥보가

2 그림을 보고, 판소리에서 하는 역할 이름을 빈칸에 쓰세요.

8주차 2일

37

소식을 전해요

인물 2학년 2학기 | • 시간이 흐르면

- 총 어절 수 77개
- 권장 읽기 시간 45초

아래 글을 소리 내어 읽고, 걸린 시간을 아래 빈칸에 써 보세요.

전화도, 우체국도 없던 옛날에는 사람들이 편지를 쓰면 그 지역으로 가는 사람에게 부탁하거나, 심부름꾼이 직접 전달했습니다. 하지만 시간이 오래 걸리고, 편지를 전할 사람이 많지 않아서 매우 불편했습니다. 그러다가 우편 제도가 발달하고 우체국이 생기면서 편지를 더 빠르고 안전하게 전달할 수 있게 되었습니다. 처음에는 관공서나 돈이 있는 사람들만 이용할 수 있었지만, 운송 수단과 기술이 점점 발달하면서 지금처럼 집 주소와 우표를 붙여서 편지를 보낼 수 있게 되었습니다. 종이를 사용하지 않는 전자 우편이 생기기 전까지 편지는 많은 사람을 이어주는 중요한 연락 방법이었답니다.

걸린 시간  분  초

낱말을 익혀요

본문에 수록된 주요 낱말들의 뜻을 익혀요.

1 우편

뜻 편지나 소포 등을 국내나 전 세계에 보내는 업무

예문 배와 비행기 등을 이용해서 해외 우편도 빠르고 쉽게 받을 수 있다.

2 관공서

뜻 국가의 일을 하는 관청이나 공공 기관

예문 경찰서, 소방서, 시청 등은 모두 관공서이다.

3 운송 수단

뜻 사람을 태워 보내거나 물건 등을 실어 보내는 수단

예문 자동차, 기차, 배, 비행기 등은 운송 수단이다.

단계별로 연습하기

1단계
올바른 발음을 익혀요.

발음이 어렵거나 헷갈리는 낱말들을 정확하게 읽어요.

① 없던 [업떤] ② 옛날에는 [옌나레는]
③ 부탁하거나 [부타카거나] ④ 많지 [만치]
⑤ 발달 [발딸] ⑥ 붙여서 [부처서]

2단계
듣고 따라 읽어요.

QR코드에서 들려주는 선생님의 음성을 들으며 읽는 연습을 해요.

1 정확하게 따라 읽어요. 

2 속도에 맞춰 따라 읽어요. 

3 자연스럽게 따라 읽어요. 

3단계
다시 읽어봐요.

다시 소리 내어 읽고, 걸린 시간을 아래 빈칸에 써 보세요.

걸린 시간  분  초 

내용을 확인해요

본문에서 읽었던 내용을 떠올리며 아래 문제를 풀어봐요.

정답 ▶ 161쪽

1 아래에서 편지를 전하는 방법의 발달 순서대로 번호를 쓰세요.

우표를 붙인 편지	심부름꾼이 직접 가져온 편지	전자 우편
(　　)	(　　)	(　　)

2 다음을 읽고, 맞으면 ○, 틀리면 ✕ 하세요.

① 먼 지역으로 사람이 직접 전하는 편지는 빠르게 받을 수 있었다. (　　)

② 전자 우편을 이용하면 종이를 많이 쓰게 된다. (　　)

8주차 3일

38

전통 스포츠, 씨름

인물 2학년 2학기 | • 밀고 당기기

• 총 어절 수 76개
• 권장 읽기 시간 45초

아래 글을 소리 내어 읽고, 걸린 시간을 아래 빈칸에 써 보세요.

씨름은 한국의 전통적인 스포츠로, 명절이나 특별한 행사에서 즐기는 경기입니다.

씨름은 주로 '태백급', '한라급', '백두급'처럼 몸무게에 따라 체급이 나누어집니다. 두 사람이 샅바를 매고, 규칙에 따라 힘과 기술을 써서 상대방의 무릎 위쪽의 몸 부분을 땅에 먼저 닿게 하면 이기는 경기입니다. 씨름에서는 힘뿐만 아니라 기술도 중요한데, 상대방을 넘기기 위해서 '안다리 걸기', '어깨 걸기', '들배지기' 등 다양한 기술을 사용할 수 있습니다.

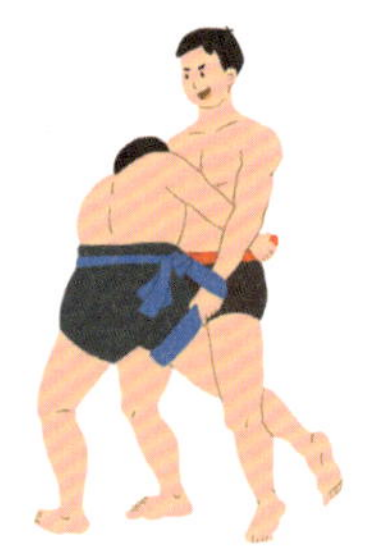

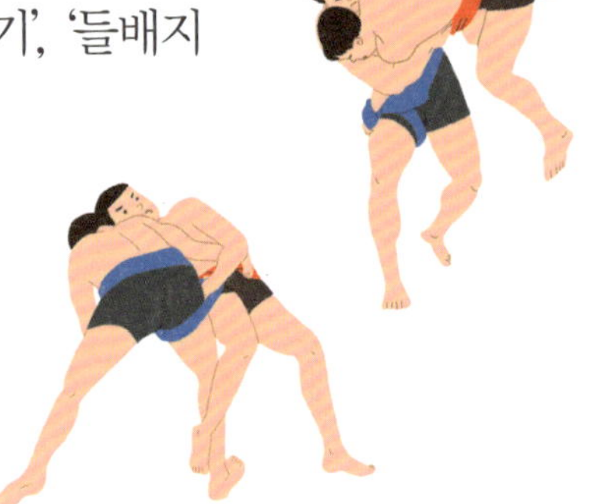

어린이들의 씨름은 아기 씨름이라고 하고, 중씨름은 젊은이들의 씨름이며, 상씨름은 어른들의 씨름을 뜻합니다. 씨름은 주로 남자들이 하지만, 여자들끼리 하기도 합니다.

걸린 시간 ( )분 ( )초

낱말을 익혀요

본문에 수록된 주요 낱말들의 뜻을 익혀요.

① **명절**
- 뜻: 설, 추석 등 해마다 일정하게 돌아와 즐기는 전통적인 기념일
- 예문: 올해는 명절 연휴가 길어 할머니 댁에 여유 있게 갈 수 있었다.

② **체급**
- 뜻: 권투, 레슬링, 유도 등에서, 선수의 몸무게에 따라서 매겨진 등급
- 예문: 대한민국은 태권도의 모든 체급에서 금메달을 따냈다.

③ **샅바**
- 뜻: 씨름에서, 허리와 다리에 둘러 묶어서 손잡이로 쓰는 띠
- 예문: 씨름을 할 때는 샅바를 단단히 잡고 시작해야 한다.

단계별로 연습하기

1단계

올바른 발음을 익혀요.

발음이 어렵거나 헷갈리는 낱말들을 정확하게 읽어요.

① 특별한 [특뼐한] ② 삳바르 [삳빠르]

③ 무릎 [무릅] ④ 닳게 [다케]

⑤ 안다리 [안따리] ⑥ 젊은이 [절므니]

2단계

듣고 따라 읽어요.

QR코드에서 들려주는 선생님의 음성을 들으며 읽는 연습을 해요.

1 정확하게 따라 읽어요. 

2 속도에 맞춰 따라 읽어요. 

3 자연스럽게 따라 읽어요. 

3단계

다시 읽어봐요.

다시 소리 내어 읽고, 걸린 시간을 아래 빈칸에 써 보세요.

걸린 시간  분  초 

내용을 확인해요

본문에서 읽었던 내용을 떠올리며 아래 문제를 풀어봐요.

정답 ▶ 161쪽

1 씨름의 체급이 아닌 것은 무엇인가요?

① 백두급 ② 한라급

③ 태백급 ④ 헤비급

2 경기를 하는 사람에 따른 씨름의 이름을 바르게 연결하세요.

① 어른 • • ㉠ 아기 씨름

② 젊은이 • • ㉡ 중씨름

③ 어린이 • • ㉢ 상씨름

8주차 4일

39

산에서 길을 잃었어요

인물 2학년 2학기 | • 등산을 할 때는

- 총 어절 수 71개
- 권장 읽기 시간 45초

아래 글을 소리 내어 읽고, 걸린 시간을 아래 빈칸에 써 보세요.

(부분은 소리 내어 읽지 않습니다.)

신고자: 도와주세요. 등산하다가 길을 잃었어요.

구급대원: 주변에 이정표나 표지판이 있습니까?

신고자: 현위치 번호 22-03이라고 되어 있어요.

국립 공원에 있는 다목적 위치 표지판은 위치를 알려주는 안내 표지판입니다. 이 표지판에는 산이나 바다 등 주소가 없는 곳의 위치를 표시하는 '국가 지점 번호'가 표시되어 있습니다.

현재 위치, 공원 사무소 전화번호가 있고, QR코드를 찍으면 주요 명소까지의 거리, 방향, 화장실 등의 위치도 알 수 있습니다. 산불 신고나 산악 사고 등 위급한 상황이 발생했을 때 나의 정확한 위치를 전할 수 있답니다.

걸린 시간  분  초

낱말을 익혀요

본문에 수록된 주요 낱말들의 뜻을 익혀요.

① 이정표

뜻: 주로 도로상에서 어느 곳까지의 거리 및 방향을 알려주는 표지

예문: 등산로에 있는 이정표를 보고 정상까지 남은 거리를 알 수 있었다.

② 표지판

뜻: 어떤 사실을 알리기 위해 일정한 표시를 해 놓은 판

예문: 도로에는 그 마을의 이름을 적은 표지판이 있었다.

③ 산악

뜻: 높고 험한 산들

예문: 강원도는 높은 산이 많은 산악 지대이다.

단계별로 연습하기

1단계
올바른 발음을 익혀요.

발음이 어렵거나 헷갈리는 낱말들을 정확하게 읽어요.

① 잃었어요 [이러써요]　　② 국립 [궁닙]
③ 없는 [엄는]　　④ 산불 [산뿔]
⑤ 산악 [사낙]　　⑥ 발생 [발쌩]

2단계
듣고 따라 읽어요.

QR코드에서 들려주는 선생님의 음성을 들으며 읽는 연습을 해요.

1 정확하게 따라 읽어요. 

2 속도에 맞춰 따라 읽어요. 

3 자연스럽게 따라 읽어요. 

3단계
다시 읽어봐요.

다시 소리 내어 읽고, 걸린 시간을 아래 빈칸에 써 보세요.

걸린 시간  분  초

내용을 확인해요

본문에서 읽었던 내용을 떠올리며 아래 문제를 풀어봐요.

정답 ▶ 161쪽

1 다목적 위치 표지판에서 볼 수 있는 내용이 아닌 것은 무엇인가요?

① 현재 위치 번호　　② QR코드
③ 국가 지점 번호　　④ 산불 발생 지역

2 다음 그림에서 <보기>의 내용을 알 수 있는 부분의 기호를 골라 ○ 하세요.

보기
명소까지의 거리,
방향,
화장실의 위치 등

㉠
㉡
㉢

8주차 5일

40

강강술래

인물 2학년 2학기 | • 강강술래 놀이

- 총 어절 수 74개
- 권장 읽기 시간 45초

아래 글을 소리 내어 읽고, 걸린 시간을 아래 빈칸에 써 보세요.

강강술래는 강강수월래라고도 하는데, 노래와 무용이 혼합된 부녀자들의 놀이입니다. 주로 추석날 밤이나 정월대보름날 밤에 하기도 하는데, 세계가 인정하는 아름다운 유산입니다.

강강술래의 시작에 대해서는 여러 이야기가 전해집니다. 그중 대표적인 것은 임진왜란 때 우리 군사의 수가 적어 마을 부녀자들이 남장을 하고 산 위에서 빙빙 돌았다는 것입니다. 바다에서 이를 본 왜병은 이순신의 군사가 한없이 계속해서 행군하는 것으로 알고, 미리 겁을 먹고 달아났다고 합니다. 이후 마을 부녀자들이 서로 손을 잡고 빙빙 돌면서 춤을 추게 되었고, 지금의 강강술래로 이어졌다고 전해집니다.

걸린 시간  분  초

낱말을 익혀요

본문에 수록된 주요 낱말들의 뜻을 익혀요.

① 부녀자

뜻 결혼한 여자나 나이가 제법 있는 여자

예문 단오가 되면 마을의 부녀자들은 그네를 타고, 남자들은 씨름을 했다.

② 남장

뜻 여자가 남자처럼 얼굴과 옷차림 등을 꾸밈

예문 우리 누나는 학예회 연극에서 아버지 역을 맡아 남장을 했다.

③ 행군하다

뜻 군대가 줄을 지어 먼 거리를 이동하다

예문 군인 아저씨들이 발을 맞추어 행군하는 것을 보았다.

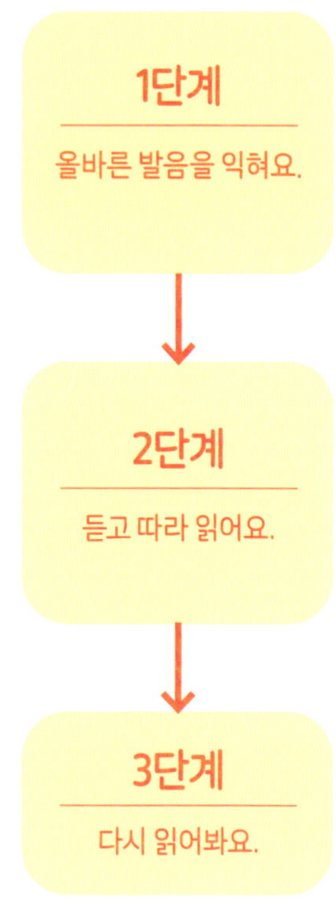

단계별로 연습하기

1단계
올바른 발음을 익혀요.

발음이 어렵거나 헷갈리는 낱말들을 정확하게 읽어요.

① 혼합된 [혼합뙨] ② 추석날 [추성날]
③ 한없이 [하넙씨] ④ 계속해서 [계소캐서/게소캐서]
⑤ 겁을 [거블] ⑥ 먹고 [머꼬]

2단계
듣고 따라 읽어요.

QR코드에서 들려주는 선생님의 음성을 들으며 읽는 연습을 해요.

1 정확하게 따라 읽어요. 

2 속도에 맞춰 따라 읽어요. 

3 자연스럽게 따라 읽어요. 

3단계
다시 읽어봐요.

다시 소리 내어 읽고, 걸린 시간을 아래 빈칸에 써 보세요.

걸린 시간  분  초

내용을 확인해요

본문에서 읽었던 내용을 떠올리며 아래 문제를 풀어봐요.

정답 ▶ 161쪽

1 강강수월래에 대한 설명으로 알맞은 것은 무엇인가요?

① 군인들의 행군에서 시작되었다. ② 남녀가 함께 혼합해서 하는 놀이이다.
① 강강수월래는 잘못된 이름이다. ④ 서로 손을 잡고 빙빙 돌면서 춤을 춘다.

2 <보기>에서 알맞은 낱말을 골라 빈칸에 쓰세요.

보기	행군	유산	부녀자

① 나라를 지키기 위해 남자들뿐만 아니라 ____________들도 힘을 모았다.

② 강강술래는 우리나라의 아름다운 문화____________이다.

4장 <통합 - 인물> 마무리 활동

정답 ▶ 161쪽

1 4장에서 배운 내용을 생각하며, 아래의 낱말을 정확하게 읽어봐요.

① 백성	② 맞지
③ 까닭으로	④ 빛나는
⑤ 햇볕이	⑥ 빗방울
⑦ 기록하기	⑧ 악기
⑨ 낡아서	⑩ 과학자
⑪ 혼천의	⑫ 업적
⑬ 고춧가루	⑭ 젓갈
⑮ 담백합니다	⑯ 판소리
⑰ 목소리	⑱ 많은
⑲ 없던	⑳ 많지
㉑ 붙여서	㉒ 샅바를
㉓ 닿게	㉔ 젊은이
㉕ 국립	㉖ 산불
㉗ 산악	㉘ 혼합된
㉙ 추석날	㉚ 한없이

2 다음을 읽고, 맞으면 ○, 틀리면 × 하세요.

31과 ① 훈민정음은 백성을 가르치는 바른 소리라는 뜻이다. (　　　)

33과 ② 편경은 나무로 만든 우리나라 전통 악기이다. (　　　)

34과 ③ 앙부일구는 조선시대 물시계이다. (　　　)

37과 ④ 전자 우편은 종이를 사용하지 않는다. (　　　)

39과 ⑤ 다목적 위치 표지판에는 현재 위치, 방향 등이 나와 있다. (　　　)

3 <보기>에서 알맞은 낱말을 골라 빈칸에 쓰세요.

보기

감칠맛　고수　소리꾼　체급　강강술래　송골송골

32과 ① 달리기를 하고 나니 이마에 땀방울이 [　　　] 맺혔다.

35과 ② 남쪽 지방 김치는 젓갈을 많이 넣어 [　　　]이/가 강하다.

36과 ③ 판소리에서 북을 치며 장단 맞추는 사람을 [　　　](이)라고 한다.

38과 ④ 씨름은 몸무게에 따라 '태백급', '한라급' 등 [　　　]이/가 나누어진다.

40과 ⑤ [　　　]은/는 노래와 무용이 혼합된 부녀자들의 놀이이다.

5장

통합 | 물건

41	실수가 만든 똑똑한 메모지
42	고민거리가 아이디어로!
43	유니버설 디자인
44	욕실에서 찾은 발명품
45	맛있는 발명
46	종이의 역사
47	나를 행복하게 하는 것들
48	동그라미 대장공
49	누리집 탐험
50	화재는 예방이 최고

물건 2학년 2학기 | • 나도 발명을 할 수 있을까요?

9주차 1일

41 실수가 만든 똑똑한 메모지

- 총 어절 수 75개
- 권장 읽기 시간 45초

아래 글을 소리 내어 읽고, 걸린 시간을 아래 빈칸에 써 보세요.

우리가 자주 사용하는 점착 메모지 포스트잇은 우연한 실수에서 시작된 발명품입니다.

미국의 한 회사에서 강력한 접착제를 만들려다가 실수로 약하게 붙는 접착제를 만들게 됐습니다. 그 접착제는 종이에 붙지만 쉽게 떨어지고, 다시 붙일 수도 있었지만, 그저 실패한 접착제일 뿐이었습니다. 몇 년 뒤 같은 회사 사람이 찬송가책에서 책갈피가 자꾸 떨어지자, 그 접착제를 떠올렸습니다.

"이 접착제를 이용해 떼었다 붙였다 할 수 있는 메모지를 만들면 어떨까?"라고 생각했습니다.

그렇게 포스트잇의 아이디어가 탄생했답니다. 이처럼 실패도 멋진 발명이 될 수 있다는 걸 꼭 기억하세요.

걸린 시간  분  초 

낱말을 익혀요

본문에 수록된 주요 낱말들의 뜻을 익혀요.

1 점착

뜻 끈끈하게 착 달라붙음

예문 이 앨범은 점착 성질이 있어서 사진을 끼우지 않고 붙이기만 하면 된다.

2 접착제

뜻 두 물체를 서로 붙이는 데 쓰는 것

예문 아빠는 부러진 장난감 막대에 접착제를 발라 붙여주셨다.

3 책갈피

뜻 읽던 곳을 찾기 쉽도록 책장과 책장 사이에 끼워 두는 물건

예문 지호는 읽던 책에 책갈피를 끼워 나중에 찾기 쉽도록 표시했다.

단계별로 연습하기

1단계
올바른 발음을 익혀요.

발음이 어렵거나 헷갈리는 낱말들을 정확하게 읽어요.

① 실수 [실쑤]
② 강력한 [강녀칸]
③ 접착제 [접착쩨]
④ 붙는 [분는]
⑤ 붙지만 [부찌만]
⑥ 붙일 [부칠]

2단계
듣고 따라 읽어요.

QR코드에서 들려주는 선생님의 음성을 들으며 읽는 연습을 해요.

1 정확하게 따라 읽어요. 

2 속도에 맞춰 따라 읽어요. 

3 자연스럽게 따라 읽어요. 

3단계
다시 읽어봐요.

다시 소리 내어 읽고, 걸린 시간을 아래 빈칸에 써 보세요.

걸린 시간 ( )분 ( )초

내용을 확인해요

본문에서 읽었던 내용을 떠올리며 아래 문제를 풀어봐요.

정답 ▶ 162쪽

1 본문의 내용과 일치하지 않는 것은 무엇인가요?

① 점착 메모지는 실수에서 시작되었다.
② 회사에서 원한 것은 강력한 접착제였다.
③ 실패한 아이디어는 빨리 잊어버리고 새로운 생각을 해야 한다.
④ 같은 회사 사람이 사용하던 책갈피의 불편한 점을 해결하려고 생각해 냈다.

2 빈칸에 알맞은 낱말을 본문에서 찾아 쓰세요.

책을 읽고 있는데 할머니께서 부르셔서 읽던 책에   ( ) 을/를 끼워 두고 일어났다.

9주차 2일

42

고민거리가 아이디어로!

물건 2학년 2학기 | • 발명왕이 되고 싶어요

- 총 어절 수 77개
- 권장 읽기 시간 45초

아래 글을 소리 내어 읽고, 걸린 시간을 아래 빈칸에 써 보세요.

스트라우스라는 사람은 미국에서 천막에 쓰는 두꺼운 천을 만들어 파는 일을 하고 있었습니다. 어느 날 한 직원의 실수로 너무 많은 양의 천을 파란색으로 물들이게 되었는데 아무도 사 가지 않았습니다. 남은 천을 어떻게 할지 고민하던 중 식당에서 우연히 광부들의 이야기를 듣게 되었습니다. 광산에서 일을 할 때는 바지가 너무 쉽게 찢어져서 힘들다는 것이었습니다. 스트라우스는 무릎을 치며 파랗게 물든 질긴 천으로 바지를 만들어 팔아보기로 했습니다.

튼튼하고 질기면서 값도 싼 이 파란 바지는 큰 인기를 끌게 되었고, 후에 청바지라는 이름으로 불리게 되었습니다.

걸린 시간   분  초

낱말을 익혀요

본문에 수록된 주요 낱말들의 뜻을 익혀요.

1 천막

뜻 비바람, 햇볕 등을 가리기 위해 기둥을 세우고 그 위에 천을 씌워 놓은 것

예문 운동회 준비를 위해 선생님들께서 운동장에 천막을 설치하셨다.

2 광부

뜻 광산에서 광물을 캐는 일을 직업으로 하는 사람

예문 광부들이 탄광에서 캐내는 석탄은 우리의 생활에 유용하게 쓰인다.

3 광산

뜻 금, 은, 철과 같은 광물을 캐내는 곳

예문 사람들은 금이 발견된 광산으로 몰려들었다.

단계별로 연습하기

1단계

올바른 발음을 익혀요.

발음이 어렵거나 헷갈리는 낱말들을 정확하게 읽어요.

① 물들이게 [물드리게]　② 어떻게 [어떠케]
③ 식당 [식땅]　④ 찢어져서 [찌저저서]
⑤ 무릎을 [무르플]　⑥ 파랗게 [파라케]

2단계

듣고 따라 읽어요.

QR코드에서 들려주는 선생님의 음성을 들으며 읽는 연습을 해요.

1 정확하게 따라 읽어요. 

2 속도에 맞춰 따라 읽어요. 

3 자연스럽게 따라 읽어요. 

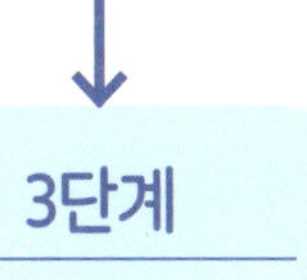

3단계

다시 읽어봐요.

다시 소리 내어 읽고, 걸린 시간을 아래 빈칸에 써 보세요.

걸린 시간  분  초

내용을 확인해요

본문에서 읽었던 내용을 떠올리며 아래 문제를 풀어봐요.

정답 ▶ 162쪽

1 본문의 밑줄 친 '무릎을 치며'와 같은 의미로 쓰인 문장은 무엇인가요?

① 엄마는 내 무릎을 치시며 다리를 떨지 말라고 하셨다.

② 모기가 내 무릎에 앉자, 할머니께서 내 무릎을 치시며 모기를 잡으셨다.

③ 왕은 신하의 이야기를 듣고 무릎을 치시며 "옳거니, 자네 말이 맞네."라고 말씀하셨다.

2 스트라우스가 가지고 있던 천에 대한 설명으로 알맞지 않은 것은 무엇인가요?

① 천막을 만들 때 사용하던 천이었다.　② 색을 물들여 사용했다.

③ 쉽게 찢어졌다.　④ 값이 쌌다.

9주차 3일

43

유니버설 디자인

물건 2학년 2학기 | • 어떤 어려움이 있을까요?

- 총 어절 수 74개
- 권장 읽기 시간 45초

아래 글을 소리 내어 읽고, 걸린 시간을 아래 빈칸에 써 보세요.

우리가 학교에서 사용하는 책상은 높이를 조절할 수 있습니다. 참치캔은 다른 도구를 사용하지 않고도 작은 힘으로 딸 수 있고, 손을 다치지 않도록 종이로도 만들어지고 있습니다. 장애인용 화장실은 문이 넓고, 안에 손잡이도 있어서 휠체어를 타는 사람도 사용할 수 있도록 만들어졌습니다. 남녀노소, 장애인과 비장애인 등 모든 사람이 편리하고, 안전하게 사용할 수 있도록 만드는 것을 유니버설 디자인이라고 합니다. 유니버설(universial)은 '일반적인', '전 세계의', '공통의'라는 뜻이 있습니다.

요즘은 건물을 짓거나 물건을 만들 때 친절한 마음을 담은 유니버설 디자인을 많이 사용합니다.

걸린 시간  분  초 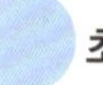

낱말을 익혀요

본문에 수록된 주요 낱말들의 뜻을 익혀요.

❶ 휠체어

뜻 몸이 불편한 사람이 앉은 채로 이동할 수 있도록 바퀴를 단 의자

예문 박물관에서는 몸이 불편한 사람을 위해 휠체어를 빌려주기도 한다.

❷ 비장애인

뜻 신체나 정신 기능에 문제가 없어 일상생활을 하는 데 불편이 없는 사람

예문 그 체육관은 장애인과 비장애인 모두 편리하게 이용할 수 있다.

❸ 일반적

뜻 일부에 한정되지 않고 두루 해당될 수 있는 것

예문 휴일은 일반적으로 일을 쉬는 날을 말한다.

단계별로 연습하기

1단계
올바른 발음을 익혀요.

발음이 어렵거나 헷갈리는 낱말들을 정확하게 읽어요.

① 책상 [책쌍] ② 높이 [노피]
③ 않고도 [안코도] ④ 넓고 [널꼬]
⑤ 편리하고 [펼리하고] ⑥ 짓거나 [짇꺼나]

2단계
듣고 따라 읽어요.

QR코드에서 들려주는 선생님의 음성을 들으며 읽는 연습을 해요.

1 정확하게 따라 읽어요.

2 속도에 맞춰 따라 읽어요. 

3 자연스럽게 따라 읽어요. 

3단계
다시 읽어봐요.

다시 소리 내어 읽고, 걸린 시간을 아래 빈칸에 써 보세요.

걸린 시간  분  초

내용을 확인해요

본문에서 읽었던 내용을 떠올리며 아래 문제를 풀어봐요. 정답 ▶ 162쪽

1 다음 중 유니버설 디자인에 해당되지 않는 것은 무엇인가요?

① 장애인 화장실
② 높이를 조절할 수 있는 의자
③ 경사로 없이 계단만 있는 건물 출입구
④ 양손에 물건을 들거나 몸이 불편한 사람도 쉽게 들어갈 수 있는 자동문

2 유니버설(universal)의 뜻으로 알맞지 않은 것은 무엇인가요?

① 공통의 ② 일반적인
③ 전 세계의 ④ 개성 있는

9주차 1일

44

욕실에서 찾은 발명품

물건 2학년 2학기 | • 어떤 발명품이 있을까요?

- 총 어절 수 76개
- 권장 읽기 시간 45초

아래 글을 소리 내어 읽고, 걸린 시간을 아래 빈칸에 써 보세요.

현재의 칫솔과 비슷한 모양의 칫솔은 약 500년 전, 중국에서 만들어졌습니다. 당시 사람들은 동물의 뼈에 구멍을 내고 돼지의 털을 끼웠습니다. 나중에 나일론이 개발되어 동물의 털을 대신하게 되었고, 지금의 위생적이고 튼튼한 칫솔이 만들어졌답니다.

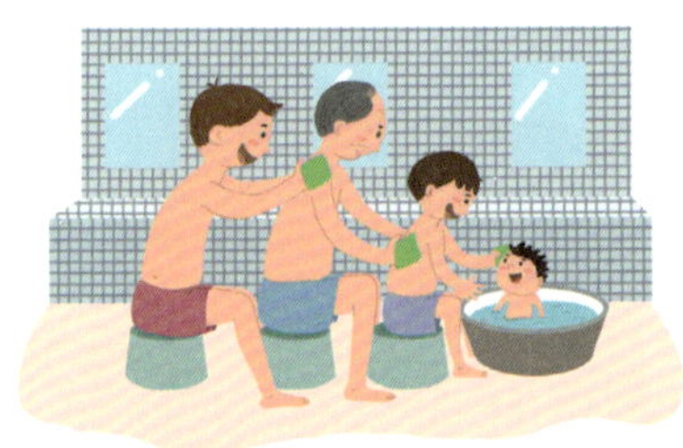

이태리타월은 때를 미는 데 쓰는 까끌까끌한 재질의 수건입니다. 이름과 달리 이탈리아가 아닌 우리나라 부산의 한 섬유회사에서 처음 만들어졌습니다. 이 회사가 이탈리아에서 원단을 수입했는데, 너무 까끌까끌해서 옷을 만들 수가 없었습니다. 그때 누군가 이 천으로 때를 밀면 좋지 않겠냐는 의견을 내어 때수건을 만들었고, 큰 인기를 얻게 되었습니다.

걸린 시간  분  초 

낱말을 익혀요

본문에 수록된 주요 낱말들의 뜻을 익혀요.

❶ 당시

뜻 어떤 일이 일어나던 그 시기 또는 앞에서 말한 그 시기

예문 아빠가 학생일 당시에는 스마트폰의 개발을 상상하지 못하셨다고 한다.

❷ 섬유

뜻 주로 천이나 의류 등의 재료가 되는 가늘고 긴 실 모양의 물질

예문 그 회사는 토끼의 털에서 얻은 섬유로 천을 만든다.

❸ 원단

뜻 모든 의류의 원료가 되는 천

예문 엄마는 새 옷을 만드시려고 원단 시장에 다녀오셨다.

단계별로 연습하기

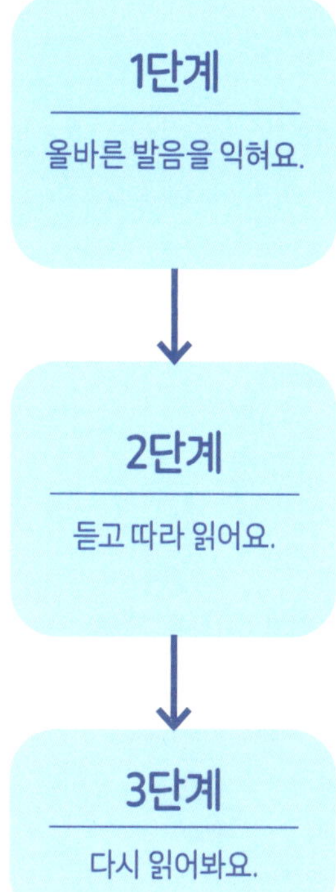

발음이 어렵거나 헷갈리는 낱말들을 정확하게 읽어요.

① 칫솔 [치쏠/칟쏠] ② 비슷한 [비스탄]
③ 중국에서 [중구게서] ④ 섬유회사 [서뮤회사/서뮤훼사]
⑤ 수입했는데 [수이팬는데] ⑥ 없었습니다 [업써씀니다]

QR코드에서 들려주는 선생님의 음성을 들으며 읽는 연습을 해요.

1 정확하게 따라 읽어요. 

2 속도에 맞춰 따라 읽어요. 

3 자연스럽게 따라 읽어요. 

다시 소리 내어 읽고, 걸린 시간을 아래 빈칸에 써 보세요.

걸린 시간  분  초

내용을 확인해요

본문에서 읽었던 내용을 떠올리며 아래 문제를 풀어봐요.

정답 ▶ 162쪽

1 <보기>에서 뜻이 같은 낱말 두 개를 찾아 빈칸에 쓰세요.

보기	현재	당시	나중	지금

(,)

2 칫솔에 대한 설명으로 알맞은 것은 무엇인가요?

① 칫솔은 일본에서 처음 만들어졌다.

② 동물의 뼈에 나일론을 붙여 만들었다.

③ 나일론이 개발된 후 지금과 같은 튼튼한 칫솔을 만들 수 있었다.

물건 2학년 2학기 | • 어떤 발명품이 있을까요?

9주차 1일

45 맛있는 발명

- 총 어절 수 77개
- 권장 읽기 시간 45초

아래 글을 소리 내어 읽고, 걸린 시간을 아래 빈칸에 써 보세요.

영국의 한 마을에 카드놀이를 정말 좋아하는 존 몬태규 샌드위치라는 백작이 있었습니다. 밥 먹는 시간도 아까워 하인에게 빵 사이에 고기를 넣어 가져오라고 시켰습니다. 그래서 한 손으로는 게임을, 다른 손으로는 식사를 할 수 있었습니다. 사람들은 빵 사이에 여러 재료를 넣어서 먹는 방법을 따라 하며 '샌드위치'라고 불렀습니다.

미국의 한 식당 손님은 감자튀김이 두껍고 눅눅하다고 불평했습니다. 요리사는 화가 나서 감자를 아주 얇게 썰어 바삭바삭하게 튀기고 소금을 듬뿍 뿌렸습니다. 놀랍게도 손님은 맛있게 먹었고, 전 세계인의 사랑을 받는 얇고 바삭한 '감자칩'이 탄생하게 되었습니다.

걸린 시간  분  초 

낱말을 익혀요

본문에 수록된 주요 낱말들의 뜻을 익혀요.

❶ 눅눅하다

뜻: 음식에 물기나 기름기가 배어 단단하지 않고 젖은 느낌이 들다

예문: 붕어빵을 사고 봉투를 닫아서 집에 왔더니 붕어빵이 눅눅해졌다.

❷ 바삭바삭하다

뜻: 부스러지기 쉬울 정도로 물기가 없이 아주 보송보송하다

예문: 나는 바삭바삭하게 구워진 토스트에 버터를 발랐다.

❸ 듬뿍

뜻: 아주 많거나 넉넉한 모양

예문: 과일 잼을 만들 때는 설탕을 듬뿍 넣어야 맛이 좋다.

단계별로 연습하기

1단계 올바른 발음을 익혀요.

발음이 어렵거나 헷갈리는 낱말들을 정확하게 읽어요.

① 백작 [백짝]　② 넓어 [널버]
③ 두껍고 [두껍꼬]　④ 눅눅하다고 [눙누카다고]
⑤ 얇게 [얄께]　⑥ 바삭바삭하게 [바삭빠사카게]

2단계 듣고 따라 읽어요.

QR코드에서 들려주는 선생님의 음성을 들으며 읽는 연습을 해요.

1 정확하게 따라 읽어요.

2 속도에 맞춰 따라 읽어요.

3 자연스럽게 따라 읽어요.

3단계 다시 읽어봐요.

다시 소리 내어 읽고, 걸린 시간을 아래 빈칸에 써 보세요.

걸린 시간  분 　 초

내용을 확인해요

본문에서 읽었던 내용을 떠올리며 아래 문제를 풀어봐요.

정답 ▶ 162쪽

1 본문의 내용과 일치하는 것은 무엇인가요?

① 샌드위치는 사람의 이름을 따서 만들어졌다.
② 샌드위치의 시작은 한 손에는 빵을, 다른 손으로는 고기를 먹는 것이었다.
③ 감자칩은 영국의 한 식당에서 개발한 음식이다.
④ 감자를 두껍게 썰어 찐 후에 소금을 뿌려 만든 음식이 감자칩이다.

2 서로 반대되는 의미의 낱말을 바르게 연결하세요.

① 눅눅하다 •　　• ㉠ 두껍다
② 얇다 •　　• ㉡ 바삭바삭하다

10주차 1일

46

종이의 역사

물건 2학년 2학기 | • 종이로 놀아요

- 총 어절 수 76개
- 권장 읽기 시간 45초

아래 글을 소리 내어 읽고, 걸린 시간을 아래 빈칸에 써 보세요.

파피루스

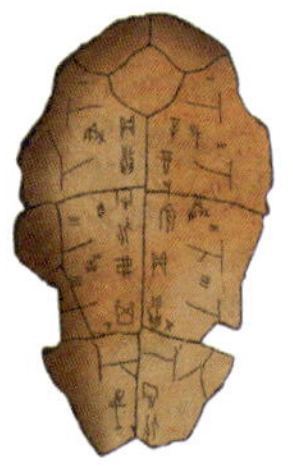
갑골

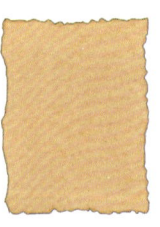

양피지

종이

고대 이집트 사람들은 파피루스라는 식물 줄기를 가늘게 잘라서 펴 붙인 것에 글씨를 썼습니다. 그 후 중국에서는 갑골이라고 부르는 거북의 배딱지나 짐승의 뼈에 문자를 새겨서 기록했습니다. 시간이 더 흘러 소와 양의 가죽을 벗겨 얇게 펴서 만든 양피지를 사용했는데 다시 고쳐 쓸 수도 있었습니다.

지금의 종이는 중국의 채륜이 만들었습니다. 나무껍질, 헌 옷, 그물 같은 것들을 잘게 부숴서 물에 풀고, 그것을 얇게 펴서 햇볕에 말리는 방법으로 만들었습니다. 그렇게 발전한 종이가 있어서 우리가 보고 있는 책도 만들 수 있는 것이랍니다.

걸린 시간   분  초

낱말을 익혀요

본문에 수록된 주요 낱말들의 뜻을 익혀요.

1 고대

뜻 옛 시대

예문 이 박물관에는 고대의 유물들이 전시되어 있다.

2 새기다

뜻 그림이나 글씨 등을 파다

예문 저렇게 큰 바위에 글씨를 새기다니 정말 대단하다!

3 잘다

뜻 알곡이나 과일, 모래 등의 둥근 물건이나 글씨의 크기가 작다

예문 엄마는 마늘을 아주 잘게 다져서 양념에 넣으셨다.

단계별로 연습하기

1단계
올바른 발음을 익혀요.

발음이 어렵거나 헷갈리는 낱말들을 정확하게 읽어요.

① 갑골 [갑꼴] ② 문자 [문짜]
③ 벗겨 [벋껴] ④ 나무껍질 [나무껍찔]
⑤ 햇볕에 [해뼈테 / 핻뼈테] ⑥ 책도 [책또]

2단계
듣고 따라 읽어요.

QR코드에서 들려주는 선생님의 음성을 들으며 읽는 연습을 해요.

1 정확하게 따라 읽어요.

2 속도에 맞춰 따라 읽어요.

3 자연스럽게 따라 읽어요.

3단계
다시 읽어봐요.

다시 소리 내어 읽고, 걸린 시간을 아래 빈칸에 써 보세요.

걸린 시간  분  초 

내용을 확인해요

본문에서 읽었던 내용을 떠올리며 아래 문제를 풀어봐요.

정답 ▶ 162쪽

1 다음을 읽고, 맞으면 ○, 틀리면 × 하세요.

① 종이가 발명되기 전에는 식물, 동물 가죽 등의 재료를 사용했다. (   )
② 양피지는 한 번 쓰고 나면 다시 고쳐 쓸 수 없었다. (   )
③ 중국의 채륜이라는 사람이 종이를 발명했다. (   )

2 기록을 남길 때 사용한 재료를 옛날부터 지금까지 차례대로 번호를 쓰세요.

① 파피루스	② 종이
③ 양피지	④ 갑골

(→   →   →   )

10주차 2일

47

나를 행복하게 하는 것들

물건 2학년 2학기 | • 행복해지고 싶어요

• 총 어절 수 58개
• 권장 읽기 시간 45초

아래 글을 소리 내어 읽고, 걸린 시간을 아래 빈칸에 써 보세요.
(제목은 소리 내어 읽지 않습니다.)

〈나를 행복하게 하는 것들〉

축구공이 데굴데굴
초록 잔디 위를 굴러가면
내 발과 너의 발이 공을 만나
심장이 두근두근

아이스크림 한 입 쏙!
달콤한 맛 입안 가득
여름 햇살도 이길 수 있는
작은 기쁨, 차가운 마법

컴퓨터를 켜면 기다리는 친구들
게임도 하고, 그림도 그리고
내 방으로 들어온
또 다른 세계

책을 펼치면 이야기가 술술
공룡 나라, 우주여행
무럭무럭 자라는
내 마음속 상상 나무

걸린 시간   분  초

낱말을 익혀요

본문에 수록된 주요 낱말들의 뜻을 익혀요.

1 데굴데굴

뜻 단단하고 큰 물건이나 사람이 계속 구르는 모양

예문 민서가 떨어뜨린 공이 비탈길을 데굴데굴 굴러 내려왔다.

2 두근두근

뜻 놀람, 불안, 기대 등으로 가슴이 자꾸 빠르고 세게 뛰는 모양

예문 달리기 시합에서 내 차례가 다가오자 심장이 두근두근 뛰었다.

3 술술

뜻 말이나 글이 막힘없이 잘 나오거나 써지는 모양

예문 마법사의 입에서는 생각지도 못했던 거짓말이 술술 나왔다.

단계별로 연습하기

1단계
올바른 발음을 익혀요.

발음이 어렵거나 헷갈리는 낱말들을 정확하게 읽어요.

① 축구공 [축꾸공] ② 한 입 [한 닙]
③ 입안 [이반] ④ 햇살 [해쌀/핻쌀]
⑤ 작은 [자근] ⑥ 마음속 [마음쏙]

2단계
듣고 따라 읽어요.

QR코드에서 들려주는 선생님의 음성을 들으며 읽는 연습을 해요.

1 정확하게 따라 읽어요.

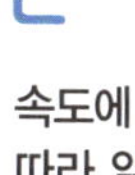

2 속도에 맞춰 따라 읽어요.

3 자연스럽게 따라 읽어요.

3단계
다시 읽어봐요.

다시 소리 내어 읽고, 걸린 시간을 아래 빈칸에 써 보세요.

걸린 시간  분  초

내용을 확인해요

본문에서 읽었던 내용을 떠올리며 아래 문제를 풀어봐요.

정답 ▶ 162쪽

1 본문에서 글쓴이를 행복하게 하는 것에 모두 ○ 하세요.

잔디 축구공 햇살 아이스크림 컴퓨터 나무 책

2 <보기>에서 알맞은 낱말을 골라 문장을 완성하세요.

보기 데굴데굴 두근두근 술술

① 지호는 자신의 생각을 글로 ____________ 써 내려갔다.

② 나는 친구의 이야기가 너무 웃겨서 배를 잡고 ____________ 굴렀다.

10주차 3일

48 동그라미 대장공

물건 2학년 2학기 | • 동그라미 대장공

- 총 어절 수 76개
- 권장 읽기 시간 45초

아래 글을 소리 내어 읽고, 걸린 시간을 아래 빈칸에 써 보세요.

동그라미 대장공 놀이는 같은 편끼리 서로 공을 던지고 받으면서 가운데를 지키는 대장 친구에게 공을 연결해 주는 놀이입니다. 반대편 친구들은 정해진 구역 안에서 상대편 친구들이 대장에게 공을 연결하지 못하게 막습니다.

친구에게 공을 잘 던지려면 먼저 친구가 어디에 있는지 잘 살핍니다. 팔과 손목의 힘을 이용해 친구가 잘 받을 수 있도록 던져야 합니다. 공을 잘 받으려면 공이 날아오는 쪽으로 팔을 뻗어 받을 준비를 합니다. 날아온 공을 가슴 쪽으로 끌어당기듯 받습니다. 처음에는 가까운 거리에서 연습하고 점점 거리를 멀게 하여 연습합니다.

걸린 시간 ( )분 ( )초

낱말을 익혀요

본문에 수록된 주요 낱말들의 뜻을 익혀요.

❶ 대장

- 뜻: 한 무리나 집단의 우두머리
- 예문: 놀이를 할 때는 서연이가 앞장서서 대장 노릇을 한다.

❷ 반대편

- 뜻: 의견이나 생각 등이 달라서 반대하는 무리
- 예문: 토론을 할 때는 내 이야기만 하지 말고 반대편의 이야기도 들어야 한다.

❸ 구역

- 뜻: 어떤 기준이나 특성에 따라 여럿으로 나누어 놓은 지역 중 하나
- 예문: 피구를 할 때 정해진 구역 밖으로 공이 나가면 상대편의 공이 된다.

단계별로 연습하기

1단계

올바른 발음을 익혀요.

발음이 어렵거나 헷갈리는 낱말들을 정확하게 읽어요.

① 놀이 [노리] ② 받으면서 [바드면서]
③ 못하게 [모타게] ④ 있는지 [인는지]
⑤ 뻗어 [뻐더] ⑥ 연습하고 [연스파고]

2단계

듣고 따라 읽어요.

QR코드에서 들려주는 선생님의 음성을 들으며 읽는 연습을 해요.

1 정확하게 따라 읽어요. 

2 속도에 맞춰 따라 읽어요. 

3 자연스럽게 따라 읽어요. 

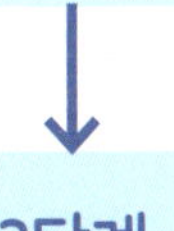

3단계

다시 읽어봐요.

다시 소리 내어 읽고, 걸린 시간을 아래 빈칸에 써 보세요.

걸린 시간  분  초

내용을 확인해요

본문에서 읽었던 내용을 떠올리며 아래 문제를 풀어봐요.

정답 ▶ 162쪽

1 동그라미 대장공 놀이에 대한 설명으로 알맞지 않은 것은 무엇인가요?

① 같은 편끼리 서로 공을 던지고 받는다.

② 다른 편이 서로 공을 주고받지 못하도록 막을 수 있다.

③ 대장공 놀이에서 대장을 맡은 친구는 공을 받을 수 없다.

2 친구에게 공을 잘 던지고 받는 방법이 아닌 것은 무엇인가요?

① 친구가 어디에 있는지 잘 살핀다.

② 팔과 손목의 힘을 이용해서 던진다.

③ 날아온 공을 가슴 쪽에서 밀어내며 받는다.

10주차 4일

49

누리집 탐험

물건 2학년 2학기 | • 컴퓨터를 잘 다루고 싶어요

- 총 어절 수 78개
- 권장 읽기 시간 45초

아래 글을 소리 내어 읽고, 걸린 시간을 아래 빈칸에 써 보세요.

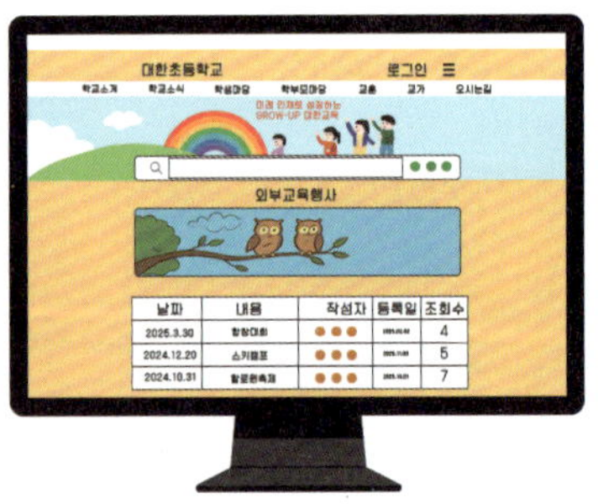

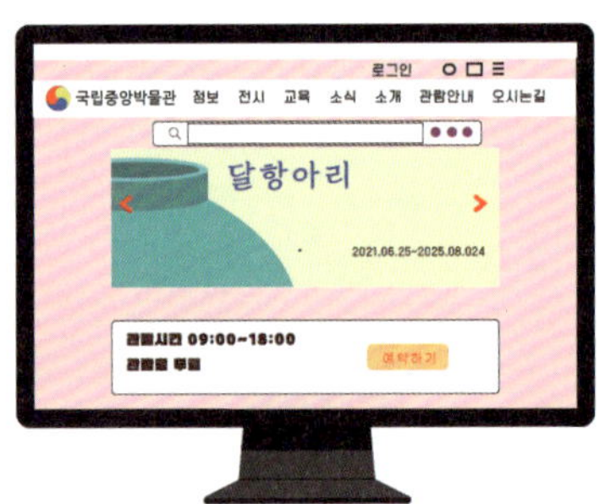

우리가 자주 이용하는 인터넷의 홈페이지를 순우리말로 누리집이라고 합니다. 세상을 뜻하는 '누리'와 '집'을 합쳐서 만든 말이랍니다.

기관의 누리집마다 우리가 찾을 수 있는 정보도 다양합니다. 학교 누리집에는 학교의 역사, 위치와 오는 방법, 교가, 교훈, 교화 등이 소개되어 있고, 다양한 학교 소식을 알 수 있습니다.

어린이 박물관 누리집에는 어린이 박물관에 대한 설명과 갈 수 있는 방법 등도 확인할 수 있습니다. 또 관람 시간이나 관람료도 알아볼 수 있고, 운영하는 교육 내용도 찾을 수 있습니다. 누리집에 올려진 글이나 그림, 사진 등을 게시물이라고 합니다.

걸린 시간 분 초

낱말을 익혀요

본문에 수록된 주요 낱말들의 뜻을 익혀요.

❶ 교가

뜻 어떤 학교를 상징하는 공적인 노래

예문 방송조회가 끝날 때 전교생이 교가를 부른다.

❷ 교훈

뜻 학교의 교육 이념이나 목표를 나타내는 짧은 말

예문 우리 학교는 성실과 정직을 교훈으로 삼고 있다.

❸ 교화

뜻 어떤 학교를 상징하는 꽃

예문 우리 학교의 교화는 장미이다.

단계별로 연습하기

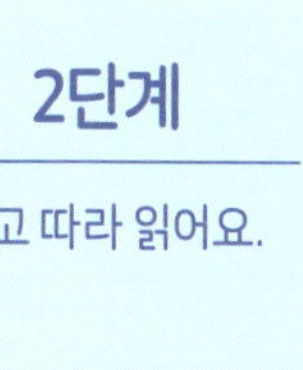

1단계
올바른 발음을 익혀요.

발음이 어렵거나 헷갈리는 낱말들을 정확하게 읽어요.

① 찾을 [차즐] ② 역사 [역싸]
③ 박물관 [방물관] ④ 확인 [화긴]
⑤ 관람 [괄람] ⑥ 관람료 [괄람뇨]

2단계
듣고 따라 읽어요.

QR코드에서 들려주는 선생님의 음성을 들으며 읽는 연습을 해요.

1 정확하게 따라 읽어요. 

2 속도에 맞춰 따라 읽어요. 

3 자연스럽게 따라 읽어요. 

3단계
다시 읽어봐요.

다시 소리 내어 읽고, 걸린 시간을 아래 빈칸에 써 보세요.

걸린 시간  분  초

내용을 확인해요

본문에서 읽었던 내용을 떠올리며 아래 문제를 풀어봐요.

정답 ▶ 162쪽

1 학교 누리집에서 찾을 수 있는 내용이 아닌 것은 무엇인가요?

① 교가 ② 교화
③ 학교 위치 ④ 관람료

2 빈칸에 알맞은 낱말을 본문에서 찾아 쓰세요.

① '세상'을 뜻하는 순우리말은 ☐☐ 이다.

② 누리집에 올려진 글, 그림, 사진 등을  (이)라고 한다.

10주차 5일

50

화재는 예방이 최고

물건 2학년 2학기 | • 화재는 예방이 최고

- 총 어절 수 72개
- 권장 읽기 시간 45초

아래 글을 소리 내어 읽고, 걸린 시간을 아래 빈칸에 써 보세요.

화재는 불이 나는 재앙 또는 불로 인한 재난입니다. 화재가 일어나는 원인은 전기, 가스, 불장난이나 실수 등 여러 가지가 있습니다. 화재를 예방하기 위해서는 어떻게 해야 할까요?

콘센트 하나에 여러 개의 플러그를 꽂는 문어발식 사용을 조심해야 합니다. 또 가스불로 요리를 할 때는 자리를 뜨지 않고 수시로 확인하며, 사용 후에는 가스를 잠급니다. 라이터나 촛불 등도 매우 위험할 수 있으므로 장난을 치지 않습니다.

화재를 예방하고 피해를 줄이기 위해 화재 감지기, 소화기, 자동 물뿌리개 등을 설치하기도 한답니다.

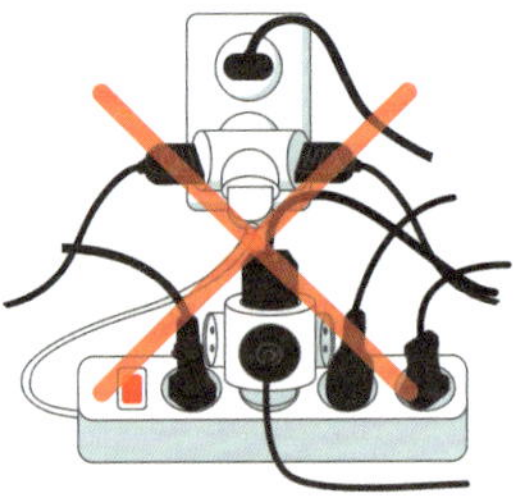

걸린 시간 분 초

낱말을 익혀요

본문에 수록된 주요 낱말들의 뜻을 익혀요.

❶ 재앙

뜻 뜻하지 않게 생긴 불행한 사고

예문 교통사고는 그의 가족에게 큰 재앙이 되었다.

❷ 재난

뜻 뜻하지 않게 일어난 불행한 사고나 고난

예문 농촌에 비가 많이 와서 마을 사람들은 홍수로 인한 재난을 겪었다.

❸ 감지기

뜻 소리, 빛, 온도 등의 발생이나 변화를 알아내는 기계 장치

예문 공항의 열 감지기는 열이 많이 나는 사람을 파악하기 위한 장치이다.

단계별로 연습하기

1단계

올바른 발음을 익혀요.

발음이 어렵거나 헷갈리는 낱말들을 정확하게 읽어요.

① 원인 [워닌]　　② 꽂는 [꼰는]

③ 문어발식 [무너발식]　　④ 촛불 [초뿔/촏뿔]

⑤ 장난을 [장나늘]　　⑥ 줄이기 [주리기]

2단계

듣고 따라 읽어요.

QR코드에서 들려주는 선생님의 음성을 들으며 읽는 연습을 해요.

1 정확하게 따라 읽어요.

2 속도에 맞춰 따라 읽어요.

3 자연스럽게 따라 읽어요.

3단계

다시 읽어봐요.

다시 소리 내어 읽고, 걸린 시간을 아래 빈칸에 써 보세요.

걸린 시간 　분 　초

내용을 확인해요

본문에서 읽었던 내용을 떠올리며 아래 문제를 풀어봐요.

정답 ▶ 162쪽

1 다음 중 화재의 원인이 아닌 것은 무엇인가요?

① 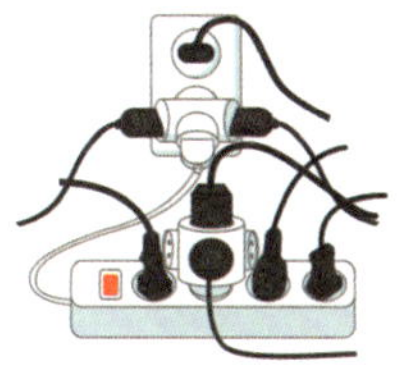

② 

③ 

2 우리 집에서는 화재 예방을 잘 하고 있는지 확인하고 점검표에 표시하세요.

번호	확인 내용	우수	보통	위험
1	여러 개의 코드를 한꺼번에 꽂지 않았나요?			
2	가스를 사용하고 난 후 가스를 잠갔나요?			
3	집에 소화기가 있고 사용법을 알고 있나요?			

5장 <통합 - 물건> 마무리 활동

정답 ▶ 162쪽

1 5장에서 배운 내용을 생각하며, 아래의 낱말을 정확하게 읽어봐요.

① 붙는	② 붙지만
③ 붙일	④ 찢어져서
⑤ 무릎을	⑥ 파랗게
⑦ 책상	⑧ 않고도
⑨ 편리하고	⑩ 칫솔
⑪ 비슷한	⑫ 없었습니다
⑬ 백작	⑭ 눅눅하다고
⑮ 바삭바삭하게	⑯ 갑골
⑰ 벗겨	⑱ 나무껍질
⑲ 축구공	⑳ 햇살
㉑ 마음속	㉒ 받으면서
㉓ 못하게	㉔ 뻗어
㉕ 찾을	㉖ 확인
㉗ 관람료	㉘ 원인
㉙ 촛불	㉚ 줄이기

2 다음을 읽고, 맞으면 ○, 틀리면 × 하세요.

41과 ① 실패는 멋진 발명이 될 수 없다. (　　)

43과 ② 유니버설 디자인은 모두가 편리하고 안전하게 만드는 것이다. (　　)

46과 ③ 종이는 고대 이집트 사람들이 만들었다. (　　)

49과 ④ 인터넷 홈페이지의 순우리말은 '누리집'이다. (　　)

50과 ⑤ 콘센트 하나에 여러 개의 플러그를 꽂으면 화재 위험이 있다. (　　)

3 <보기>에서 알맞은 낱말을 골라 빈칸에 쓰세요.

보기

무럭무럭　눅눅하다　무릎　구역　당시　두근두근

42과 ① "옳거니! 바로 그거야!" 발명가는 [　　　] 을/를 치며 말했다.

44과 ② 칫솔이 처음 만들어졌던 그 [　　　] 에는 동물의 뼈와 털을 사용했다.

45과 ③ 비가 와서 그런지 과자가 [　　　].

47과 ④ 아이는 [　　　] 자라 학교에 갈 나이가 되었다.

48과 ⑤ 피구에서 정해진 [　　　] 밖으로 공이 나가면 상대편 공이 된다.

6장

통합 | 기억

11주차 1일

51

내 마음속 앨범

기억 2학년 2학기 | • 내 기억을 소개합니다

- 총 어절 수 66개
- 권장 읽기 시간 45초

아래 글을 소리 내어 읽고, 걸린 시간을 아래 빈칸에 써 보세요.
(제목은 소리 내어 읽지 않습니다.)

〈내 마음속 앨범〉

책가방이 아직 커 보이던 날
조심조심 교실 문을 열었다
처음 본 선생님, 처음 본 친구들
내 마음도 두근두근

봄에 처음 만난 친구들
이름도 어색하고
말도 잘 못 했는데
이제 내 짝꿍은 내 비밀도 알지

여름엔 운동장에서
땀을 뻘뻘 흘리며
뛰어놀았고

가을엔 견학 가서
도시락 까먹으며
선생님이랑 사진도 찰칵!

겨울이 오니까
조금씩 아쉬운 마음
정말 좋은 우리 반

안녕, 2학년
고마워, 내 친구들
내년에도 우리 꼭 만나자!

걸린 시간  분   초

낱말을 익혀요

본문에 수록된 주요 낱말들의 뜻을 익혀요.

1 어색하다

뜻 잘 모르거나 만나고 싶지 않은 사람과 만나 불편하고 자연스럽지 못하다

예문 새 학년 첫날은 처음 만난 친구들과 조금 어색했다.

2 견학

뜻 어떤 일과 관련된 곳을 직접 찾아가서 보고 배움

예문 우리 반은 방송국으로 견학을 가서 다양한 일을 하시는 분들을 만났다.

3 아쉽다

뜻 미련이 남아 안타깝고 서운하다

예문 오랜만에 만난 사촌들과 헤어질 시간이 되니 정말 아쉽다.

단계별로 연습하기

1단계
올바른 발음을 익혀요.

발음이 어렵거나 헷갈리는 낱말들을 정확하게 읽어요.

① 책가방 [책까방] ② 봄에 [보메]
③ 어색하고 [어새카고] ④ 여름엔 [여르멘]
⑤ 뛰어놀았고 [뛰어노랃꼬/뛰여노랃꼬] ⑥ 가을엔 [가으렌]

2단계
듣고 따라 읽어요.

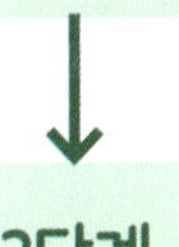

QR코드에서 들려주는 선생님의 음성을 들으며 읽는 연습을 해요.

1 정확하게 따라 읽어요. 

2 속도에 맞춰 따라 읽어요. 

3 자연스럽게 따라 읽어요. 

3단계
다시 읽어봐요.

다시 소리 내어 읽고, 걸린 시간을 아래 빈칸에 써 보세요.

걸린 시간  분 초

내용을 확인해요

본문에서 읽었던 내용을 떠올리며 아래 문제를 풀어봐요. 정답 ▶ 163쪽

1 본문에 나타난 글쓴이의 마음이 아닌 것은 무엇인가요?

① 새 학년 첫날 두근두근한 마음
② 친구들과 뛰어놀기도 하고 견학도 같이 가서 즐거웠던 마음
③ 겨울이 되어 눈싸움할 생각에 설레는 마음
④ 학년이 바뀌어도 친구들과 다시 만나고 싶은 마음

2 시간의 순서에 맞게 빈칸에 들어갈 낱말을 본문에서 찾아 쓰세요.

작년 → 올해 → (　　　　　)

11주차 2일

52 바른 자세로 공부해요

기억 2학년 2학기 | • 2학년 생활을 돌아봐

- 총 어절 수 78개
- 권장 읽기 시간 45초

아래 글을 소리 내어 읽고, 걸린 시간을 아래 빈칸에 써 보세요.

책 제목: 바른 학습 태도를 기르는 방법

도서관에서 읽은 이 책의 내용은 민지가 바른 발표 방법, 수업 시간 자세, 바른 글씨 쓰는 법 등을 배우는 이야기였다. 책을 읽으면서, 수업 시간에 내가 장난을 쳤던 기억이 떠올랐다. 자신이 없어서 발표도 자주 못 했는데, 선생님이 "큰 소리로, 천천히, 또박또박 말하면 돼."라고 하신 말씀이 마음에 남았다. 앞으로는 용기를 내서 손도 들고, 친구들 앞에서 천천히 발표해야겠다. 또, "글씨는 마음을 보여주는 거야."라는 말씀도 기억에 남았다. 이제부터 민지처럼 바른 자세로 수업을 듣고, 글씨도 정성껏 써야겠다.

걸린 시간  분  초 

낱말을 익혀요

본문에 수록된 주요 낱말들의 뜻을 익혀요.

① 자세

뜻 몸을 움직이거나 가누는 태도

예문 어깨와 허리를 똑바로 펴고 바른 자세로 앉으세요.

② 자신

뜻 어떤 일이 원하는 대로 될 것이라고 스스로 굳게 믿음

예문 한 국가대표 축구 선수는 우리나라가 우승한다고 자신 있게 말했다.

③ 정성껏

뜻 온갖 힘을 다하려는 참되고 성실한 마음

예문 엄마의 생신 파티를 위해 아빠와 함께 음식을 정성껏 준비했다.

단계별로 연습하기

1단계
올바른 발음을 익혀요.

발음이 어렵거나 헷갈리는 낱말들을 정확하게 읽어요.

① 학습 [학씁] ② 장난을 [장나늘]
③ 쳤던 [철떤] ④ 기억이 [기어기]
⑤ 앞으로는 [아프로는] ⑥ 정성껏 [정성껃]

2단계
듣고 따라 읽어요.

QR코드에서 들려주는 선생님의 음성을 들으며 읽는 연습을 해요.

1 정확하게 따라 읽어요. 

2 속도에 맞춰 따라 읽어요. 

3 자연스럽게 따라 읽어요. 

3단계
다시 읽어봐요.

다시 소리 내어 읽고, 걸린 시간을 아래 빈칸에 써 보세요.

걸린 시간  분  초

내용을 확인해요

본문에서 읽었던 내용을 떠올리며 아래 문제를 풀어봐요.

정답 ▶ 163쪽

1 올바른 발표 방법으로 알맞은 것은 무엇인가요?

① 생각이 떠오르면 즉시 말한다.
② 다른 친구가 발표할 때 같이 이야기한다.
③ 다른 친구도 발표할 수 있도록 빠르게 말한다.
④ 다른 친구들이 잘 들을 수 있게 큰 소리로 천천히 말한다.

2 글쓴이가 읽은 책에 나온 내용이 아닌 것은 무엇인가요?

① 바른 발표 방법 ② 수업 시간 자세
③ 도서관 이용 방법 ④ 바른 글씨 쓰는 법

11주차 3일

53 프루스트 현상

• 총 어절 수 72개
• 권장 읽기 시간 45초

아래 글을 소리 내어 읽고, 걸린 시간을 아래 빈칸에 써 보세요.

어느 날, 지민이는 집에 들어오다가 아주 달콤한 냄새를 맡았어요.

"어? 이 냄새, 어디서 많이 맡아본 건데……"

갑자기 할머니가 만들어 주시던 달콤한 호떡이 떠올랐어요. 냄새 하나만으로 오래전에 있었던 일이 생각난 것이지요.

이렇게 어떤 냄새를 맡고 오래된 기억이 갑자기 떠오르는 현상을 '프루스트 현상'이라고 해요. 마르셀 프루스트라는 작가가 마들렌 과자를 한 입 먹고, 어릴 적 고향에서 보낸 시간이 머릿속에 확 떠올랐다고 책에 썼거든요. 그래서 사람들은 후각을 통해 기억을 떠올리는 이런 현상을 프루스트 현상이라고 부르게 되었답니다.

걸린 시간 ( ) 분 ( ) 초

낱말을 익혀요

본문에 수록된 주요 낱말들의 뜻을 익혀요.

1 작가

뜻 시, 소설, 연극, 방송 대본, 그림 등을 처음으로 만들어 내는 사람

예문 휘영이는 그림 그리는 것을 좋아해서 웹툰 작가가 되고 싶어 한다.

2 고향

뜻 태어나서 자란 곳

예문 명절이 되면 사람들은 고향을 찾아 부모님과 함께 시간을 보낸다.

3 후각

뜻 코로 냄새를 맡는 감각

예문 개는 후각이 발달해서 냄새를 잘 맡는다.

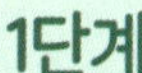

단계별로 연습하기

1단계

올바른 발음을 익혀요.

발음이 어렵거나 헷갈리는 낱말들을 정확하게 읽어요.

① 맡아본 [마타본]
② 갑자기 [갑짜기]
③ 맡고 [맏꼬]
④ 작가가 [작까가]
⑤ 어릴 적 [어릴 쩍]
⑥ 머릿속 [머리쏙/머릳쏙]

2단계

듣고 따라 읽어요.

QR코드에서 들려주는 선생님의 음성을 들으며 읽는 연습을 해요.

1 정확하게 따라 읽어요. 

2 속도에 맞춰 따라 읽어요. 

3 자연스럽게 따라 읽어요. 

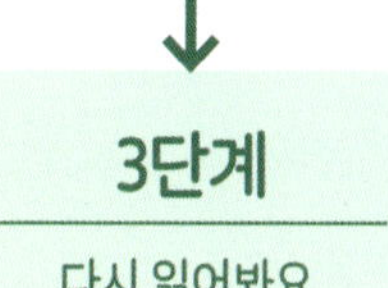

3단계

다시 읽어봐요.

다시 소리 내어 읽고, 걸린 시간을 아래 빈칸에 써 보세요.

걸린 시간  분  초 

내용을 확인해요

본문에서 읽었던 내용을 떠올리며 아래 문제를 풀어봐요.

정답 ▶ 163쪽

1 프루스트 현상에 해당하지 않는 것은 무엇인가요?

① 마들렌 과자를 먹고 어린 시절에 있었던 일이 떠올랐다.

② 양파와 파 냄새를 오래 맡았더니 눈이 맵고 재채기가 나왔다.

③ 알콜 냄새를 맡고 병원에서 예방주사를 맞았던 일이 생각났다.

④ 된장찌개 냄새를 맡고 할머니가 끓여주신 된장찌개가 떠올랐다.

2 빈칸에 알맞은 낱말을 본문에서 찾아 쓰세요.

눈으로 보는 감각은 시각, 귀로 듣는 감각은 청각, 코로 냄새를 맡는 감각은  이다.

11주차 2일

54 떡볶이 파티

기억 2학년 2학기 | • 기억나니?

- 총 어절 수 55개
- 권장 읽기 시간 45초

아래 글을 소리 내어 읽고, 걸린 시간을 아래 빈칸에 써 보세요.
(제목은 소리 내어 읽지 않습니다.)

〈떡볶이 파티〉

보글보글 끓는 물
말랑말랑 하얀 떡과
팔랑팔랑 네모난 어묵이
함께 춤을 추지요.

꼬불꼬불 라면이
미끄러져 들어오고
반짝반짝 삶은 달걀도
웃으며 인사해요.

지글지글 매콤한 양념이
주황빛 옷을
맛있게 입혀주지요.

송송 초록 파와
뽀얀 치즈가 뒤이어 나타나면
"자, 다 모였지?"
떡볶이 파티 시작!

호로록!
후루룩!
뜨겁지만 멈출 수 없는 맛

냠냠 쩝쩝
입안 한가득
행복이 톡톡 터져요.

걸린 시간  분  초 

낱말을 익혀요

본문에 수록된 주요 낱말들의 뜻을 익혀요.

❶ 송송
- 뜻: 연한 물건을 조금 잘게 빨리 써는 모양
- 예문: 아주머니는 김치를 송송 썰어 접시에 담아 주셨다.

❷ 뽀얗다
- 뜻: 빛깔이나 색깔이 보기 좋게 하얗다
- 예문: 할머니께서 오래 끓이신 사골 국물이 뽀얗다.

❸ 뒤잇다
- 뜻: 곧바로 이어지다 또는 곧바로 이어지도록 하다
- 예문: 오늘 수업이 끝나면 뒤이어 시험이 있을 예정이다.

단계별로 연습하기

1단계

올바른 발음을 익혀요.

발음이 어렵거나 헷갈리는 낱말들을 정확하게 읽어요.

① 끓는 [끌른]　② 삶은 [살믄]
③ 양념이 [양녀미]　④ 입혀주지요 [이펴주지요]
⑤ 떡볶이 [떡뽀끼]　⑥ 뜨겁지만 [뜨겁찌만]

2단계

듣고 따라 읽어요.

QR코드에서 들려주는 선생님의 음성을 들으며 읽는 연습을 해요.

1 정확하게 따라 읽어요. 

2 속도에 맞춰 따라 읽어요. 

3 자연스럽게 따라 읽어요. 

3단계

다시 읽어봐요.

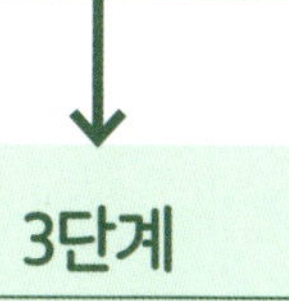

다시 소리 내어 읽고, 걸린 시간을 아래 빈칸에 써 보세요.

걸린 시간  분  초 

내용을 확인해요

본문에서 읽었던 내용을 떠올리며 아래 문제를 풀어봐요.

정답 ▶ 163쪽

1 시에 등장한 떡볶이 재료를 모두 찾아 ○ 하세요.

칼국수　파　김치　어묵　물　달걀

2 시를 읽고 상상할 수 있는 장면이 아닌 것은 무엇인가요?

① 떡볶이가 익기를 기다리는 아이
② 다양한 재료들이 차례로 익어가는 모습
③ 생일파티를 하며 케이크에 있는 촛불을 끄는 아이
④ 뜨거운 떡과 어묵을 호호 불어가며 맛있게 먹고 있는 아이

11주차 2일

55 손 안의 쪽지

기억 2학년 2학기 | • 2학년 생활을 돌아봐

- 총 어절 수 76개
- 권장 읽기 시간 45초

아래 글을 소리 내어 읽고, 걸린 시간을 아래 빈칸에 써 보세요.

㉠ "너 먼저 해, 나는 나중에……"

발표순서가 다가오자, 서연이는 뒷걸음질쳤다. 손에 있는 쪽지가 구겨질 만큼 손에 힘이 들어갔다. ㉡ 가슴이 쿵쿵, 입은 바짝 말랐다.

㉢ '틀리면 어떡하지? 애들이 웃으면 어쩌지?'

서연이는 고개를 푹 숙였다. 그때, 수민이가 다가와 말했다.

"서연아, 어제 연습할 때 진짜 잘했어. 파이팅!"

서연이는 잠시 멈칫하더니, 조심스레 손에 쥔 쪽지를 펴기 시작했다. 발표가 시작되자, 처음엔 목소리가 떨렸지만, 마지막 문장을 말할 땐 스스로 놀랄 만큼 또렷한 목소리가 나왔다. 자리에 돌아온 서연이는 작은 소리로 혼잣말했다.

㉣ "수민이 덕분에 나도 해냈어!"

걸린 시간  분  초

낱말을 익혀요

본문에 수록된 주요 낱말들의 뜻을 익혀요.

1 뒷걸음질치다
- 뜻: 뒤로 물러서다
- 예문: 강아지는 자기보다 더 큰 개를 보고 슬슬 뒷걸음질치기 시작했다.

2 멈칫하다
- 뜻: 하던 일이나 행동을 갑자기 멈추다 또는 멈추게 하다
- 예문: 거실에서 장난을 치던 동생은 엄마가 부르시자 멈칫했다.

3 덕분
- 뜻: 어떤 사람이 베풀어 준 은혜나 도움 또는 어떤 일로부터 받은 이익
- 예문: 나와 내 동생이 밝고 건강하게 자란 것은 할머니, 할아버지 덕분이다.

단계별로 연습하기

1단계
올바른 발음을 익혀요.

발음이 어렵거나 헷갈리는 낱말들을 정확하게 읽어요.

① 뒷걸음질쳤다 [뒤꺼름질천따] ② 쪽지 [쪽찌]
③ 어떡하지 [어떠카지] ④ 연습할 [연스팔]
⑤ 멈칫하더니 [멈치타더니] ⑥ 혼잣말했다 [혼잔말핻따]

2단계
듣고 따라 읽어요.

QR코드에서 들려주는 선생님의 음성을 들으며 읽는 연습을 해요.

1 정확하게 따라 읽어요. 

2 속도에 맞춰 따라 읽어요. 

3 자연스럽게 따라 읽어요. 

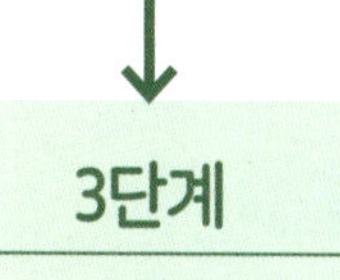

3단계
다시 읽어봐요.

다시 소리 내어 읽고, 걸린 시간을 아래 빈칸에 써 보세요.

걸린 시간  분  초

내용을 확인해요

본문에서 읽었던 내용을 떠올리며 아래 문제를 풀어봐요. 정답 ▶ 163쪽

1 서연이가 뒷걸음질친 이유로 알맞은 것은 무엇인가요?

① 자신의 순서가 아니어서
② 친구가 먼저 하고 싶어 해서
③ 발표를 하다가 틀릴까 봐 걱정되어서
④ 선생님께서 조금 기다렸다가 발표하라고 하셔서

2 본문의 밑줄 친 ㉠~㉣ 부분 중 서연이의 마음이 다른 부분의 기호를 쓰세요.

12주차 1일

56

엉뚱한 종민이

기억 2학년 2학기 | • 칭찬을 나눠요

- 총 어절 수 78개
- 권장 읽기 시간 45초

아래 글을 소리 내어 읽고, 걸린 시간을 아래 빈칸에 써 보세요.

우리 반 종민이는 참 엉뚱하다. 지난번엔 실내화 대신 아빠 슬리퍼를 가져오더니 오늘은 책가방이 아닌 장바구니를 들고 왔다.

"이거, 장바구니 아니야?"

"응. 급하게 나오느라 잘못 가져왔어."

종민이는 머리를 긁적이며 말했다.

쉬는 시간에 나는 곰곰이 생각해 봤다. 종민이는 실수도 많이 하고 엉뚱한 행동도 자주 하지만, 항상 웃고 누구와도 잘 어울린다. 어쩌면 나보다 훨씬 멋진 친구인지도 모르겠다. 나는 웃으며 종민이에게 말했다.

"오늘 급식 시간에는 엉뚱한 짓 하지 마!"

그런데 오늘도 어김없이 멀쩡한 반찬을 국에 다 말아버렸다. 역시나 엉뚱한 내 친구 종민이다.

걸린 시간  분  초 

낱말을 익혀요

본문에 수록된 주요 낱말들의 뜻을 익혀요.

❶ 엉뚱하다

뜻: 상식적으로 생각하는 것과 전혀 다르다

예문: 지수는 수업시간에 남이 잘 생각하지 않는 엉뚱한 생각을 잘 한다.

❷ 곰곰이

뜻: 여러 방면으로 깊이 생각하는 모양

예문: 연수는 곰곰이 생각하더니 그 문제에 대답을 했다.

❸ 멀쩡하다

뜻: 흠이나 다친 곳 등이 없이 온전하다

예문: 중고 시장에는 새것처럼 멀쩡한 물건들이 많다.

단계별로 연습하기

1단계
올바른 발음을 익혀요.

발음이 어렵거나 헷갈리는 낱말들을 정확하게 읽어요.

① 장바구니 [장빠구니]
② 급하게 [그파게]
③ 긁적이며 [극쩌기며]
④ 곰곰이 [곰고미]
⑤ 웃으며 [우스며]
⑥ 어김없이 [어기멉씨]

2단계
듣고 따라 읽어요.

QR코드에서 들려주는 선생님의 음성을 들으며 읽는 연습을 해요.

1 정확하게 따라 읽어요. 

2 속도에 맞춰 따라 읽어요. 

3 자연스럽게 따라 읽어요. 

3단계
다시 읽어봐요.

다시 소리 내어 읽고, 걸린 시간을 아래 빈칸에 써 보세요.

걸린 시간  분  초

내용을 확인해요

본문에서 읽었던 내용을 떠올리며 아래 문제를 풀어봐요.

정답 ▶ 163쪽

1 본문을 읽고 떠올릴 수 있는 장면을 바르게 말한 친구를 모두 찾아 ○ 하세요.

① 민희: 학교 복도에서 아빠의 큰 슬리퍼를 신고 있는 친구가 떠올라. (   )

② 수민: 책가방 대신 장바구니를 들고 머리를 긁적이는 친구가 생각나. (   )

③ 수아: 쉬는 시간에 웃지도 않고 혼자 앉아 있는 아이가 떠올라. (   )

2 빈칸에 알맞은 낱말을 본문에서 찾아 쓰세요.

① 나는 우리 집 고양이가 말을 하는 □□□ 상상을 하곤 한다.

② 버려진 가구 중에는 □□□ 탁자도 있어서 책상으로 쓸 수 있었다.

12주차 2일

57

꽃을 피우는 말

기억 2학년 2학기 | • 그때 그랬더라면

• 총 어절 수 76개
• 권장 읽기 시간 45초

아래 글을 소리 내어 읽고, 걸린 시간을 아래 빈칸에 써 보세요.
(인물의 이름과 괄호 안의 글은 소리 내어 읽지 않습니다.)

민수: (짜증스러운 표정으로) 아, 진짜 왜 이렇게 느려! 너 때문에 늦었잖아!
수진: (속상한 표정으로) 미안해.
지훈: 민수야, 말이 좀 심한 것 같아. 수진이 기분도 생각해야지.
민수: 그런가? 너무 화가 나서…….
선생님: (다가오며) 무슨 일이니?
지훈: 민수가 수진이한테 좀 심하게 말했어요.
선생님: 그렇구나. 우리가 말할 때 어떤 말을 써야 할까?
민수: (머리를 긁적이며) 고운 말이요.
선생님: 맞아! 말에도 꽃이 피는 말, 가시가 돋는 말이 있어. 어떤 말을 쓰고 싶니?
민수: 꽃이 피는 말이요. 수진아, 미안해. 다음엔 같이 천천히 해보자!
선생님: 고운 말은 다른 사람의 마음을 헤아려 부드럽게 하는 말이란다.
앞으로도 말 속에 꽃을 피우도록 하자!

걸린 시간  분  초 

낱말을 익혀요

본문에 수록된 주요 낱말들의 뜻을 익혀요.

1 짜증스럽다
뜻 귀찮고 성가셔서 싫다
예문 내가 방을 어질러서 누나가 짜증스러운 목소리로 나를 불렀다.

2 돋다
뜻 어떤 것이 속에서 생겨 겉으로 나오다
예문 봄이 되어 날씨가 따뜻해지니 새싹들이 파릇파릇 돋기 시작했다.

3 헤아리다
뜻 다른 것에 비추어 생각하거나 짐작하여 살피다
예문 엄마의 마음을 헤아리지 못하고 심술부린 것을 후회했다.

단계별로 연습하기

1단계
올바른 발음을 익혀요.

발음이 어렵거나 헷갈리는 낱말들을 정확하게 읽어요.

① 때문에 [때무네]
② 늦었잖아 [느저짜나]
③ 그렇구나 [그러쿠나]
④ 꽃이 [꼬치]
⑤ 싫니 [실니]
⑥ 부드럽게 [부드럽께]

↓

2단계
듣고 따라 읽어요.

QR코드에서 들려주는 선생님의 음성을 들으며 읽는 연습을 해요.

1 정확하게 따라 읽어요.
2 속도에 맞춰 따라 읽어요.
3 자연스럽게 따라 읽어요.

↓

3단계
다시 읽어봐요.

다시 소리 내어 읽고, 걸린 시간을 아래 빈칸에 써 보세요.

걸린 시간 (　) 분 (　) 초

내용을 확인해요

본문에서 읽었던 내용을 떠올리며 아래 문제를 풀어봐요.

정답 ▶ 163쪽

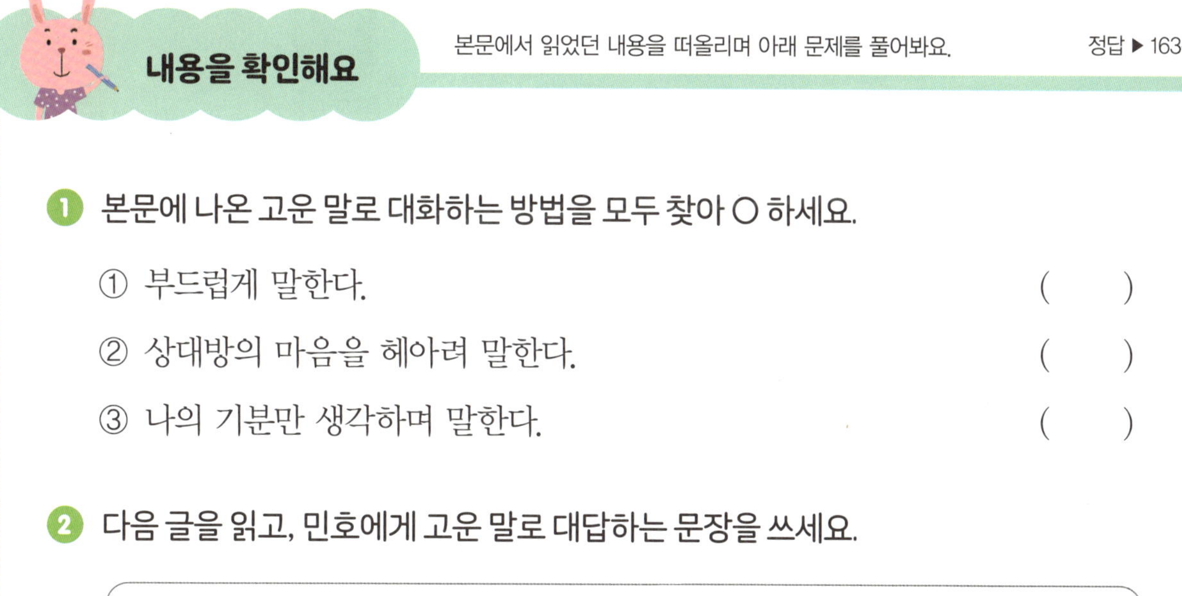

1 본문에 나온 고운 말로 대화하는 방법을 모두 찾아 ○ 하세요.

① 부드럽게 말한다. (　　)

② 상대방의 마음을 헤아려 말한다. (　　)

③ 나의 기분만 생각하며 말한다. (　　)

2 다음 글을 읽고, 민호에게 고운 말로 대답하는 문장을 쓰세요.

민호: 와! 쉬는 시간이다! 우리 같이 보드게임 하는 거 어때?

• 나는 다른 것을 하고 싶을 때: ______________________

12주차 3일

58 이상한 칭찬

기억 2학년 2학기 | • 칭찬을 나눠요

• 총 어절 수 76개
• 권장 읽기 시간 45초

아래 글을 소리 내어 읽고, 걸린 시간을 아래 빈칸에 써 보세요.

"지훈아, 너는 수업 시간에 떠들긴 했지만, 발표는 잘하더라."
→ 잘못된 점과 함께 말하면 칭찬으로 생각되지 않아요.

"우와~ 넌 진짜 그림 천재야! 이거 거의 박물관에 걸어도 되겠는데?!"
→ 칭찬은 좋지만, 너무 과장하면 진심이 느껴지지 않고, 친구가 칭찬을 가볍게 받아들이거나 부담스러워할 수 있어요.

"오늘 아무것도 안 했어도 넌 최고야! 그냥 최고야!"
→ 아무 행동도 하지 않았는데 무작정 칭찬하면, 친구가 어떤 행동이 좋았는지 배우기 어렵고, 칭찬의 의미가 흐려져요.

칭찬할 때는 결과보다는 과정을, 너무 부풀리지 않고 진심을 담아, 칭찬하는 이유를 들어 말해야 한답니다.

걸린 시간  분  초 

낱말을 익혀요

본문에 수록된 주요 낱말들의 뜻을 익혀요.

1 과장
- 뜻: 사실에 비해 지나치게 크거나 좋게 부풀려 나타냄
- 예문: 그 친구는 작은 일도 큰 일인 것처럼 과장해서 말한다.

2 부담
- 뜻: 어떤 일을 할 때 느끼는 어려운 마음
- 예문: 상담 선생님께서는 부담 없이 상담실로 오라고 말씀하셨다.

3 무작정
- 뜻: 앞으로의 일에 대해 미리 생각하거나 정한 것이 없이
- 예문: 준비운동 없이 무작정 따라 하는 것은 위험하다.

단계별로 연습하기

1단계

올바른 발음을 익혀요.

발음이 어렵거나 헷갈리는 낱말들을 정확하게 읽어요.

① 잘못된 [잘몯뙨 / 잘몯뛘]　② 좋지만 [조치만]

③ 가볍게 [가볍께]　④ 않았는데 [아난는데]

⑤ 무작정 [무작쩡]　⑥ 좋았는지 [조아는지]

2단계

듣고 따라 읽어요.

QR코드에서 들려주는 선생님의 음성을 들으며 읽는 연습을 해요.

1 정확하게 따라 읽어요. 

2 속도에 맞춰 따라 읽어요. 

3 자연스럽게 따라 읽어요. 

3단계

다시 읽어봐요.

다시 소리 내어 읽고, 걸린 시간을 아래 빈칸에 써 보세요.

걸린 시간  분  초

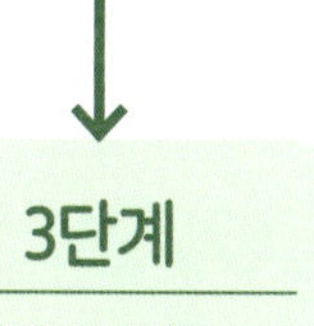

내용을 확인해요

본문에서 읽었던 내용을 떠올리며 아래 문제를 풀어봐요.

정답 ▶ 163쪽

1 칭찬을 하는 방법으로 맞으면 ○, 틀리면 × 하세요.

① 칭찬을 할 때는 과정보다 결과를 생각한다. (　　)

② 너무 부풀리지 않고 진심을 담아 칭찬한다. (　　)

③ 칭찬을 하는 이유를 들어 말한다. (　　)

2 다음을 읽고, 더 올바르게 칭찬한 친구의 이름을 쓰세요.

〈새로 산 옷을 입고 온 친구에게〉

정훈: 처음 보는 옷이네. 너한테 어울리는 색으로 잘 골랐다.

지율: 처음 보는 옷이네. 세상에서 가장 멋져!

12주차 4일

59

한라산 여행

기억 2학년 2학기 | • 내 기억을 소개합니다

• 총 어절 수 75개
• 권장 읽기 시간 45초

아래 글을 소리 내어 읽고, 걸린 시간을 아래 빈칸에 써 보세요.

수민이는 가족과 함께 한라산 여행을 떠났습니다. 산을 오르기 전, 식당에 들러 따뜻한 국물과 맛있는 밥을 먹었습니다. 산을 오르면서 야생화를 관찰하고 꽃말도 찾아봤습니다. 정상에 오르니 백록담 풍경이 아름다워 사진도 찍었습니다. 산 아래로 내려오는데 갑자기 물난리가 난 것처럼 소나기가 쏟아졌습니다. 다행히 근처에 정류장이 있어 잠시 비를 피했습니다. 비가 내린 후, 갑자기 쌀쌀해져서 추웠지만 아빠께서 손난로를 주셔서 따뜻해졌답니다. 수민이네 가족은 숙소로 돌아와 과일을 먹으며 하루를 마무리했습니다.

"오늘은 산으로 다녀왔으니, 내일은 바다로 가는 거죠?"

수민이는 벌써 내일이 기다려졌습니다.

걸린 시간 ( )분 ( )초

낱말을 익혀요

본문에 수록된 주요 낱말들의 뜻을 익혀요.

❶ 한라산

뜻 제주도에 있으며, 대한민국에서 가장 높은 산

예문 한라산 정상에 오르면 백록담이라는 큰 호수가 있다.

❷ 야생화

뜻 산이나 들에 저절로 나서 피는 꽃

예문 넓은 들에는 사람의 손길이 닿지 않은 야생화들이 피어 있었다.

❸ 꽃말

뜻 꽃의 특징이나 전설 등에 따라 상징적인 의미를 붙인 말

예문 빨간 장미의 꽃말은 '사랑'입니다.

단계별로 연습하기

1단계
올바른 발음을 익혀요.

발음이 어렵거나 헷갈리는 낱말들을 정확하게 읽어요.

① 한라산 [할라산] ② 국물 [궁물]
③ 꽃말 [꼰말] ④ 백록담 [뱅녹땀]
⑤ 물난리 [물랄리] ⑥ 정류장 [정뉴장]

2단계
듣고 따라 읽어요.

QR코드에서 들려주는 선생님의 음성을 들으며 읽는 연습을 해요.

1 정확하게 따라 읽어요. 

2 속도에 맞춰 따라 읽어요. 

3 자연스럽게 따라 읽어요. 

3단계
다시 읽어봐요.

다시 소리 내어 읽고, 걸린 시간을 아래 빈칸에 써 보세요.

걸린 시간  분  초

내용을 확인해요

본문에서 읽었던 내용을 떠올리며 아래 문제를 풀어봐요.

정답 ▶ 163쪽

1 수민이가 한 일이 아닌 것은 무엇인가요?

① 가족과 한라산 여행을 했다. ② 야생화를 꺾어 꽃말을 찾아보았다.
③ 백록담에서 사진을 찍었다. ④ 소나기가 내려 정류장에서 비를 피했다.

2 밑줄 친 부분의 낱말을 바르게 고쳐 쓰세요.

① 냉면 궁물이 정말 시원했다.
→ 냉면 ______________이 정말 시원했다.

② 날씨가 너무 추워 날로 옆에 앉았다.
→ 날씨가 너무 추워 ______________ 옆에 앉았다.

12주차 5일

60

겨울 방학

기억 2학년 2학기 | • 3학년을 준비해요

- 총 어절 수 63개
- 권장 읽기 시간 45초

아래 글을 소리 내어 읽고, 걸린 시간을 아래 빈칸에 써 보세요.
(제목은 소리 내어 읽지 않습니다.)

〈겨울 방학〉

딩동댕! 방학이다!
가방 메고 폴짝!
친구와 인사하고
집으로 달려가요.

뒹굴뒹굴 이불 속
알람시계 꺼버리고
"밥 먹자!" 소리에
우당탕 달려가요.

하얀 눈을 굴리며
코는 당근
눈은 까만 콩
눈사람을 만들어요.

썰매 타고 씽씽!
볼은 빨개도
"한 번 더!" 소리치며
웃음이 터져요.

따끈따끈 둥근 호빵
호호 불며 먹으면
마음도 따뜻해
겨울 방학 좋아요!

방학이 끝나도
마음 가득 추억들
하얀 눈, 따뜻한 웃음
겨울 방학 최고야!

걸린 시간 ( )분 ( )초

낱말을 익혀요

본문에 수록된 주요 낱말들의 뜻을 익혀요.

❶ 폴짝
- 뜻: 작은 것이 세차고 가볍게 한 번 뛰어오르는 모양
- 예문: 개구리가 연못에서 폴짝 뛰어올랐다.

❷ 우당탕
- 뜻: 무엇이 바닥에 몹시 요란하게 떨어지거나 부딪칠 때 나는 소리
- 예문: 선생님 말씀이 끝나기도 전에 아이들은 교실 밖으로 우당탕 뛰쳐나갔다.

❸ 추억
- 뜻: 지나간 일을 생각함 또는 그런 생각이나 일
- 예문: 사진첩 속에는 내 어린 시절의 추억들이 담겨 있었다.

단계별로 연습하기

1단계

올바른 발음을 익혀요.

발음이 어렵거나 헷갈리는 낱말들을 정확하게 읽어요.

① 먹자 [먹짜]
② 눈사람 [눈싸람]
③ 웃음이 [우스미]
④ 먹으면 [머그면]
⑤ 따뜻해 [따뜨태]
⑥ 끝나도 [끈나도]

2단계

듣고 따라 읽어요.

QR코드에서 들려주는 선생님의 음성을 들으며 읽는 연습을 해요.

1 정확하게 따라 읽어요. 

2 속도에 맞춰 따라 읽어요. 

3 자연스럽게 따라 읽어요. 

3단계

다시 읽어봐요.

다시 소리 내어 읽고, 걸린 시간을 아래 빈칸에 써 보세요.

걸린 시간  분  초 

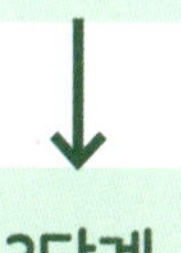

내용을 확인해요

본문에서 읽었던 내용을 떠올리며 아래 문제를 풀어봐요.

정답 ▶ 163쪽

1 자신의 겨울 방학을 생각하며 시의 한 부분을 <보기>의 색글자처럼 바꾸어 쓰세요. (색글자만 바꾸지 않고 전체적으로 바꿔 써도 좋아요.)

보기	내가 만든 시
뜨끈뜨끈 꼬치 어묵 호호 불며 먹으면 추위가 사르륵 겨울 방학 좋아요!	

6장 <통합 - 기억> 마무리 활동

정답 ▶ 163쪽

1 6장에서 배운 내용을 생각하며, 아래의 낱말을 정확하게 읽어봐요.

① 책가방	② 어색하고
③ 여름엔	④ 학습
⑤ 쳤던	⑥ 정성껏
⑦ 맡아본	⑧ 갑자기
⑨ 머릿속	⑩ 끓는
⑪ 입혀주지요	⑫ 떡볶이
⑬ 뒷걸음질쳤다	⑭ 쪽지
⑮ 멈칫하더니	⑯ 급하게
⑰ 긁적이며	⑱ 어김없이
⑲ 늦었잖아	⑳ 그렇구나
㉑ 싫니	㉒ 좋지만
㉓ 가볍게	㉔ 무작정
㉕ 한라산	㉖ 국물
㉗ 백록담	㉘ 눈사람
㉙ 웃음이	㉚ 끝나도

2 다음을 읽고, 맞으면 ○, 틀리면 × 하세요.

53과 ① 프루스트 현상은 어떤 냄새에 예전 기억이 떠오르는 것이다. (　　　)

57과 ② 고운 말은 다른 사람을 생각해서 부드럽게 하는 말이다. (　　　)

58과 ③ 칭찬을 할 때는 결과를 생각해서 과장되게 말한다. (　　　)

59과 ④ 야생화는 산이나 들에 저절로 나서 피는 꽃이다. (　　　)

60과 ⑤ '폴짝'은 소리를 흉내 내는 말이다. (　　　)

3 <보기>에서 알맞은 낱말을 골라 빈칸에 쓰세요.

보기

정성껏　덕분　곰곰이　어색　송송　짜증

51과 ① 친구와 다투고 화해를 못 해서 조금 [　　　]했다.

52과 ② 부모님께 드릴 어버이날 편지를 [　　　] 썼다.

54과 ③ 엄마는 파를 [　　　] 썰어 찌개에 넣으셨다.

55과 ④ 준비물을 빌려준 친구 [　　　]에 미술작품을 완성했다.

56과 ⑤ 아빠께서는 [　　　] 생각하시더니 말씀하셨다.

정답

지금까지 여러분이 풀었던 문제의 정답을 공개할게요. 정답을 보면서 왜 틀렸는지 궁금하다면 여러분의 부모님이나 선생님께 그 이유를 여쭤보셔도 좋아요.

1장 국어

01 같은 소리, 다른 뜻

1 ①–㉡ ②–㉢ ③–㉠

2 ① ㉠ ② ㉡

02 도움이 되는 말

1 ③

2 예시 – "이 공은 맞아도 아프지 않으니까 한번 해볼래?"
– "공에 맞지 않게 잘 받을 수 있는 방법을 보여줄게."

03 마음을 담은 사과

1 ① 진심, 사과 ② 변명, 처지 ③ 용기, 소중

04 삶아, 살아, 삼아

1 ① 없다 ② 업다

2 ① × ② ○ ③ ×

05 공원에서의 하루

1 ① 망네 ② 괜차나서 ③ 밥꼬

2 버꼬 → 벗고, 풀바틀 → 풀밭을

06 현우에게

1 ①

2 ① 첫인사 ② 끝인사 ③ 쓴 사람

07 헷갈리기 쉬운 낱말

1 ①–㉠ ②–㉢

08 공익광고

1 ① ○ ② ×

2 ③

09 교실 속 텃밭

1 ④

2 ③

10 토박이말에 담긴 하늘과 바다

1 ④

2 ④

1장 마무리 활동

1 1. [진끼]
2. [일근]
3. [진는]
4. [이를]
5. [이저버려]
6. [줄럼끼]
7. [잘모슬]
8. [속쌍핸찌]
9. [그랜짜나]
10. [살마]
11. [너코]
12. [끄름]
13. [망네]
14. [밥꼬]
15. [일꼬]
16. [엄는]
17. [익쑤카지]
18. [낟썰고]
19. [작찌만]
20. [적찌]
21. [운는]
22. [발려동물]

23. [그러탄다]

24. [마지하는]

25. [조케씀니다]

26. [씨아시]

27. [뿌드탈]

28. [핸무리]

29. [바다까/바닫까]

30. [물껼]

2 ① × ② ○ ③ ○ ④ × ⑤ ○

3 ① 공감 ② 사과 ③ 그늘 ④ 공익 ⑤ 뿌듯

2장 | 수학

11 독도의 수를 찾아서

1

세 자리 수	네 자리 수
336, 470	1982, 2020, 2046, 1996

2 ②

12 수의 자릿값

1

	(백)		
(6)		(4)	(5)
	(900)	(40)	

2 8630, 3680, 8603, 3608 중 2개

13 0과 어떤 수의 곱

1 13점

(3×2, 2×3, 1×1, 0×4의 값을 모두 더함)

2 식: 0×5=0 답: 0

14 길이의 역사

1 =, >

2 ②

15 곧은자와 줄자

1 ①–㉡, ㉣ ②–㉠, ㉢

2 ①

16 그제와 모레

1 ④

2 ① 13 ② 15 ③ 17

17 입장하실 수 없습니다

1 ②, ④

2 ① ○ ② × ③ ○ ④ ×

18 1년은 모두 몇 개월일까?

1 12, 365

2 ①

19 규칙이 있는 전통 놀이

1 ③

2 ① 평평한 ② 젖혀진

20 내가 실천한 바른 식습관

1 7+7+7+7+7+7+7=49

2 예시 골고루 먹기, 야채 먹기, 바르게 앉아서 먹기, 규칙적으로 식사하기 등

2장 마무리 활동

1 1. [독또]

2. [처년기념물]

3. [여객썬]

4. [각깍]

5. [자리깝씨 / 자릳깝씨]

6. [해말께]

7. [곱쎔]

8. [먹떤]

9. [영쩜]

10. [다뉘]

11. [홀란]

12. [정화키]

13. [똑빠로]

14. [딱따카지]

15. [건축까]

16. [얻끄제]

17. [막쌍]

18. [깜짜칼]

19. [도차카니]

20. [울쌍]

21. [입짱]

22. [보름딸]

23. [한짜어]

24. [익씀니다]

25. [윤노리]

26. [윭까락]

27. [저처지면]

28. [식씁꽌]

29. [먹끼로]

30. [집꽁]

2 ① ○ ② ○ ③ ○ ④ × ⑤ ×

3 ① 모레 ② 전 ③ 태양 ④ 전통 ⑤ 꾸준히

3장 | 통합 - 계절

21 잠꾸러기 친구들

1 고슴도치, 개구리, 뱀, 곰

2 이듬해

22 너는 봄, 나는 가을

1 ①–ⓛ, ⓡ ②–ⓖ, ⓒ

2 빛깔

23 산이 옷을 갈아입었어요

1 ④

2 ②

24 가을을 알리는 잠자리

1 ①

2 익충, 해충

25 입춘대길(立春大吉)

1 ①

2 춘하추동

26 24절기 노래 (1)

1 ① × ② ○ ③ ○

2 ① 춘분 ② 곡우

27 24절기 노래 (2)

1 경칩, 입하, 하지, 추분, 소설, 동지

2 예시 ▶ 내 생일: 1월 3일

▶ 가까운 절기: 소한

– 74쪽 그림에서 내 생일과 가장 가까운 절기를 찾아 쓰세요.

28 제철 음식

1 ①–㉣ ②–㉢ ③–㉡ ④–㉠

2 냉이, 달래, 쑥 중 2개

29 미래를 전하는 사람들

1 ③

2 ① 기상 ② 일교차

30 봄나물의 참맛

1 ④

2 ③

3 손녀

3장 마무리 활동

1 1. [겨울짬]
2. [어러부찌]
3. [박똥]
4. [알록딸록]
5. [봄빠람]
6. [구콰]
7. [염녹쏘]
8. [무렁무럭]
9. [가라이븐]
10. [는녀름]
11. [겸눈]
12. [암날개]
13. [시작뙤는/시작뛔는]
14. [이파]
15. [입똥]
16. [특찡]
17. [어름]
18. [봄뻬]
19. [곡씩]
20. [뱅노]
21. [짤꼬]
22. [돈는]
23. [차뫼/차웨]
24. [복쑹아]
25. [봄끼운]
26. [나드리]
27. [얄븐]
28. [산꼴]
29. [초로기]
30. [마슬]

2 ① ○ ② × ③ ○ ④ × ⑤ ○

3 ① 단풍 ② 익충 ③ 절기 ④ 제철
⑤ 쓴

4장 | 통합-인물

31 백성을 가르치는 바른 소리

1 ③

2 훈민정음

32 아기 구름의 여행

1 ④

2 ① 또랑또랑 ② 가물가물

33 돌로 만들어진 악기

1 ③

2 두께

34 조선의 과학 천재 장영실

1 ①–㉡ ②–㉢ ③–㉠

2 ① × ② × ③ ○

35 자랑스러운 전통문화

1 ③

2 ①-3 ②-1 ③-2

36 우리의 소리

1 ②

2 ① 고수 ② 소리꾼

37 소식을 전해요

1 2, 1, 3

2 ① × ② ×

38 전통 스포츠, 씨름

1 ④

2 ①-㉢ ②-㉡ ③-㉠

39 산에서 길을 잃었어요

1 ④

2 ㉠

40 강강술래

1 ④

2 ① 부녀자 ② 유산

4장 마무리 활동

1 1. [백썽]
2. [맏찌]
3. [까달그로]
4. [빈나는]
5. [해뼈치/핻뼈치]
6. [비빵울/빋빵울]
7. [기로카기]
8. [악끼]
9. [날가서]
10. [과학짜]
11. [혼처니/혼처늬]
12. [업쩍]
13. [고추까루/고춛까루]
14. [젇깔]
15. [담배캅니다]
16. [판쏘리]
17. [목쏘리]
18. [마는]
19. [업떤]
20. [만치]
21. [부처서]
22. [삳빠를]
23. [다케]
24. [절므니]
25. [궁닙]
26. [산뿔]
27. [사낙]
28. [혼합뙨]
29. [추성날]
30. [하넙씨]

2 ① ○ ② × ③ × ④ ○ ⑤ ○

3 ① 송골송골 ② 감칠맛 ③ 고수 ④ 체급 ⑤ 강강술래

5장 | 통합 - 물건

41 실수가 만든 똑똑한 메모지

1 ③

2 책갈피

42 고민거리가 아이디어로!

1 ③

2 ③

43 유니버설 디자인

1 ③

2 ④

44 욕실에서 찾은 발명품

1 현재, 지금

2 ③

45 맛있는 발명

1 ①

2 ①-㉡ ②-㉠

46 종이의 역사

1 ① ○ ② × ③ ○

2 ① → ④ → ③ → ②

47 나를 행복하게 하는 것들

1 축구공, 아이스크림, 컴퓨터, 책

2 ① 술술 ② 데굴데굴

48 동그라미 대장공

1 ③

2 ③

49 누리집 탐험

1 ④

2 ① 누리 ② 게시물

50 화재는 예방이 최고

1 ③

2 우리 집을 확인하고 해당 칸에 표시하세요.

5장 마무리 활동

1 1. [분는]
2. [부찌만]
3. [부칠]
4. [찌저저서]
5. [무르플]
6. [파라케]
7. [책쌍]
8. [안코도]
9. [펼리하고]
10. [치쏠/칟쏠]
11. [비스탄]
12. [업써씀니다]
13. [백짝]
14. [눙누카다고]
15. [바삭빠사카게]
16. [갑꼴]
17. [벋껴]
18. [나무껍찔]
19. [축꾸공]
20. [해쌀/핻쌀]
21. [마음쏙]
22. [바드면서]
23. [모타게]
24. [뻐더]

25. [차즐]
26. [화긴]
27. [괄람뇨]
28. [워닌]
29. [초뿔/촌뿔]
30. [주리기]

2 ① × ② ○ ③ × ④ ○ ⑤ ○

3 ① 무릎 ② 당시 ③ 눅눅하다 ④ 무럭무럭 ⑤ 구역

6장 | 통합 - 기억

51 내 마음속 앨범

1 ③

2 내년

52 바른 자세로 공부해요

1 ④

2 ③

53 프루스트 현상

1 ②

2 후각

54 떡볶이 파티

1 파, 어묵, 물, 달걀

2 ③

55 손 안의 쪽지

1 ③

2 ㉣

56 엉뚱한 종민이

1 ①, ②

2 ① 엉뚱한 ② 멀쩡한

57 꽃을 피우는 말

1 ①, ②

2 예시 이번에는 보드게임 하고 다음 쉬는 시간에는 공기놀이 하지 않을래?

58 이상한 칭찬

1 ① × ② ○ ③ ○

2 정훈

59 한라산 여행

1 ②

2 ① 국물 ② 난로

60 겨울 방학

1 각자 상상해 보고 쓰세요.

6장 마무리 활동

1 1. [책까방]
2. [어새카고]
3. [여르멘]
4. [학씁]
5. [철떤]
6. [정성껀]
7. [마타본]
8. [갑짜기]
9. [머리쏙/머릳쏙]
10. [끌른]
11. [이펴주지요]
12. [떡뽀끼]

13. [뒤꺼름질철따]

14. [쪽찌]

15. [멈치타더니]

16. [그파게]

17. [극쩌기며]

18. [어기멉씨]

19. [느저짜나]

20. [그러쿠나]

21. [심니]

22. [조치만]

23. [가볍께]

24. [무작쩡]

25. [할라산]

26. [궁물]

27. [뱅녹땀]

28. [눈싸람]

29. [우스미]

30. [끈나도]

2 ① ○ ② ○ ③ × ④ ○ ⑤ ×

3 ① 어색 ② 정성껏 ③ 송송 ④ 덕분
⑤ 곰곰이